JLA
図書館実践シリーズ ………………………… 41

地域資料サービス の実践

補訂版

蛭田廣一 著

Japan Library Association

日本図書館協会

Practice of Local Collections Service

(JLA Monograph Series for Library Practitioners ; 41)

地域資料サービスの実践 / 蛭田廣一著
補訂版
東京 : 日本図書館協会, 2023
x, 257 p ; 19 cm
(JLA 図書館実践シリーズ ; 41)
ISBN 978-4-8204-2214-3

機器種別: 機器不用
キャリア種別: 冊子
表現種別: テキスト
表現形の言語: 日本語
著作の優先タイトル: 地域資料サービスの実践 || チイキ シリョウ サービス ノ ジッセン
創作者: 蛭田, 廣一 || ヒルタ, ヒロカズ
BSH4: 郷土資料
NDC10: 014.72

はじめに

　三多摩地域資料研究会が，2年間かけて『地域資料入門』[1]を書きあげ出版に漕ぎ着けたのは1999年4月のことであった。あれから20年の歳月が経過するが，地域資料に関する本として目録や調査報告書は見られるものの概説書の出版は皆無に等しい。

　しかし，図書館は21世紀に入り大きな変革の波に洗われている。2006年の「教育基本法」と2008年の「図書館法」の改正，2001年には「図書館の設置及び運営上の望ましい基準」が告示され，2012年に改正されるなど関係法規の改正が行われている。また，2006年には『これからの図書館像－地域を支える情報拠点をめざして』[2]が出され，これからの図書館サービスに求められる新たな視点として，課題解決支援機能の充実やハイブリッド図書館の整備が示されるなど，図書館の在り方も大きく変わった。

　これらの変化を受けて，図書館の現状やインターネット環境の変化も進んでいる。また，地域資料業務の実態も多様な課題を抱え，加速度的に変化の度合いが進んでいる。このような現状の中で『地域資料入門』を改訂すべきだという声があがり，必要性も痛感していたが，実現は難しかった。三多摩地域資料研究会は現在も存続し活動を続けているが，執筆を担える状況にはないようである。また，20年前のメンバーは現役を離れ，地域資料の仕事を継続している者はほかにい

ない。改めてチームを再編成し企画を練っていたら，いつ執筆にかかれるのかわからない。

　私も 2008 年以来 7 年間，図書館を離れて東京・小平市史編さんの仕事を担当し，4 年前に再任用職員として図書館に戻り，2 年前からは嘱託職員として補助的な仕事に携わっている。その一方で，非常勤講師として 2013 年から松本短期大学で図書館情報資源概論，2016 年から 2018 年まで鶴見大学で図書館概論と図書館制度・経営論，2018 年から実践女子大学で図書館基礎特論を担当している。図書館基礎特論は地域資料の講義で，『地域資料入門』以外にテキストが見当たらないことに痛切に不便を感じていた。

　このような状況の中で，全国公共図書館協議会が地域資料サービスの全国調査を実施し，2018 年 3 月に『公立図書館における地域資料サービスに関する報告書』3) が刊行された。その「まとめと提言：地域資料サービスの現状と課題」に根本彰氏が，『地域資料入門』の内容も古くなり，新しい領域の実践もあることから改訂版の刊行が必要だと説かれている。

　この課題の実現に向けて動き出された根本氏に声をかけていただき，急遽改訂版の執筆を進めることが決まり，私が実践編であるこの本の執筆を引き受けることになった。執筆期間は 3 か月にしようということで，時間をかけてさまざまな事例を調査し直す時間がないことから，小平市立図書館の事例が中心になることをご寛恕いただきたい。しかし，小平市立図書館は地域資料のさまざまな分野にわたる取り組みを積極的に実践してきた。このことから，具体的な事例が提示できるとともに，地域資料サービスを展開するために参考になるものと思われる。

本書の章立ては,「第1章　地域資料概論」で地域資料サービスの意義について述べ,「第2章　地域資料の歴史的位置づけ」で地域資料の歴史的経過を追う。第3章は「地域資料の調査」とし,三多摩地域資料研究会の調査と2つの全国調査について触れる。第4章に「行政の組織と行政資料」を置いたのは,公立図書館は行政組織の一つであり,行政資料は地域資料の核となるものだからである。また,東京・日野市の市政図書室の活動についても紹介する。

　第5章は「地域資料サービスの展開」で,小平市立図書館と滋賀県の愛荘町立愛知川図書館の事例を紹介する。小平市立図書館の地域資料事業は,三多摩地域資料研究会で学んだ多摩地域の実践に習い,日野市の市政図書室の活動にも刺激を受けてサービスを展開した。このことから,多摩地域における地域資料サービスの集大成ともいえる。そこで,これ以降は小平市の具体的な事例を中心に地域資料サービスの展開について述べる。

　第6章は「資料の収集と再編」,第7章は「資料の組織化」を取り扱う。第8章には「特別コレクション」を置いて別の章とし,地図・新聞記事・写真・学校関係資料・古文書について展開する。第9章は「資料保存」である。最後の第10章は「資料の活用と情報発信」で,これからの地域資料サービスにとって欠かすことのできない主要なテーマである。レファレンスとパスファインダーの問題を含め,人手と技術力に関する協力の方法に触れる。

　また,多様な内容を取り扱うこともあって,多くの文献や論文を引用することになる。本文の中に一々出典を明記すると煩雑で読み難くになるので,書名や論文名の後に項番を付

し，最後に参考文献一覧を設けてこれらを参照できるように
する。

2019 年 4 月

蛭田　廣一

補訂版にあたって

　本書出版から 3 年が経過し，多くの図書館と関係者にご購
入いただき，一部の図書館学関係の授業で使われた結果，初
版の残部がわずかとなり補訂版を出すことになった。
　この機会に立川市図書館からご指摘いただいた 8.3(6) の
一部不正確な内容と誤りについてお詫びするとともに本節を
削除し，説明不足な新聞記事の登録と町報・市報記事索引等
について加筆した。また，その他の誤植および不十分な表現
を訂正した。この訂正には 8 章のタイトル「特殊コレクショ
ン」を「特別コレクション」に変更したことも含まれる。
　しかも，近年地域資料デジタル化の進展が目覚ましく，ホー
ムページの更新により収録内容やデータ・資料数の異動及
び URL の変更等が見受けられる。このため，改めて全体的
な見直しを行い，2022 年 10 月現在の状況に沿って訂正した。

2022 年 10 月

蛭田　廣一

目 次

はじめに　　iii

●1章●　**地域資料概論** ··· 1

　1.1　地域資料とは　　1
　1.2　地域資料サービスの意義　　3
　1.3　『地域資料入門』作成経過　　7
　1.4　多摩地域と図書館の展開　　8

●2章●　**地域資料の歴史的位置づけ** ················· 14

　2.1　明治・大正・昭和前期の郷土資料　　14
　2.2　1950年代の郷土資料論　　16
　2.3　公立図書館発展期の郷土資料　　18
　2.4　1970年代の地域資料の実践　　21
　2.5　1980年代以降の地域資料論　　28
　2.6　三多摩地域資料研究会の活動　　31

●3章●　**地域資料の調査** ······································· 41

　3.1　三多摩地域資料実態調査　　41
　3.2　NDLの地域資料全国調査　　53
　3.3　全公図の全国調査　　58
　3.4　全公図の調査に関する分析　　60
　3.5　全公図の調査に見る地域資料サービスの
　　　現状と課題　　63

目 次

●4章● **行政の組織と行政資料** ·· 67

4.1　行政資料の定義　　67
4.2　行政の組織　　70
4.3　行政計画と図書館　　72
4.4　行政資料の収集　　75
4.5　日野市立図書館市政図書室と地域資料サービス　　81

●5章● **地域資料サービスの展開** ··· 86

5.1　図書館サービス計画と事業計画・事業報告　　87
5.2　小平市立図書館の実践　　95
5.3　愛荘町立愛知川図書館の実践　　97

●6章● **資料の収集と再編** ·· 100

6.1　収集方針　　100
6.2　地域資料の種類　　112
6.3　資料選択のための情報源　　113
6.4　分担収集　　118
6.5　分担保存　　119
6.6　コレクションの評価と再編　　123

●7章● **資料の組織化** ··· 128

7.1　情報資源の組織化　　128
7.2　整理マニュアル　　129
7.3　受入と資料の装備　　139
7.4　情報資源へのアクセス　　143
7.5　地域資料の分類　　144
7.6　排架　　150

7.7 索引の作成　152
7.8 地域資料の書誌修正　156

●8章● **特別コレクションの形成** ……………………… 159

8.1 地図資料の種類　159
8.2 地図資料の形態と装備　162
8.3 新聞記事の切り抜きと記事索引　163
8.4 写真資料の収集と定点撮影　167
8.5 学校関係資料　170
8.6 図書館と公文書館　176
8.7 小平市立図書館と古文書　179
8.8 古文書の整理　180
8.9 市史編さん　185
コラム　としょかんこどもきょうどしりょう　192

●9章● **資料保存** ……………………………………… 194

9.1 資料保存とは　194
9.2 資料が傷む原因　195
9.3 資料を守る５つの方法　199
9.4 資料の保存ニーズを把握するための３つの要素　199
9.5 資料保存の調査と計画　200
9.6 保存対策の具体例　201
9.7 メディア変換　202
9.8 小平市立図書館の資料保存対策　204
9.9 古文書の保存対策　207
コラム　利用のための資料保存と公文書管理法　212

目 次

●10章● **資料の活用と情報発信**··································214

　10.1　レファレンスのための組織　214
　10.2　レファレンス記録と地域資料　220
　10.3　パスファインダーの作成　222
　10.4　レファレンス記録の活用　225
　10.5　地域資料の情報発信　228
　10.6　情報発信の先進事例　230
　10.7　地域資料のデジタル化　233
　10.8　小平市立図書館の事例　235
　10.9　小平市における地域情報　237
　10.10　市民協働　238

参考文献　241
あとがき　249
事項索引　253

x

1章 地域資料概論

　地域資料は，第2章の歴史的位置づけで触れるように郷土資料と呼びならわされ，「図書館法」および「図書館の設置及び運営上の望ましい基準」でも郷土資料という名称が使われている。このことから，現在でも郷土資料という名称を使っている図書館も多い。

　しかし，『地域資料入門』[1)]で述べたように，「地域で発生するすべての資料および地域に関するすべての資料」を地域資料と定義すること，また，『これからの図書館像』[3)]や「図書館の設置及び運営上の望ましい基準」に示されているように，これからの図書館が取り組むべき地域の課題解決に向けた取り組みには地域資料サービスが必要であること，これらのことによって，地域資料サービスの基礎となる情報資源は，「地域資料」と呼ぶのが妥当であると思料する。

　本書では郷土資料と地域資料の呼称が混在するが，郷土資料は固有名詞・引用文および歴史的な経過を説明する場合に限って使用し，それ以外は地域資料を用いる。

1.1 地域資料とは

　はじめに，地域資料の定義と位置づけについてまとめておきたい。

(1) 地域資料の定義

地域資料とは、『地域資料入門』[1]に「当該地域を総合的かつ相対的に把握するための資料群」で、「地域で発生するすべての資料および地域に関するすべての資料」であると規定されている。本書でもこの定義に従って述べることにする。

(2) 地域資料の位置づけ

また、『地域資料入門』[1]以前の地域資料の位置づけとしては『図書館ハンドブック　第4版』[4]の「特定の公共的奉仕圏をもつ図書館は、その地域内に関するあらゆる資料（情報）の収集と利用について、他に転嫁できない最終的な責任をもつ（俵元昭）」という定義がある。これは、図書館法用語の「郷土資料」という名称を用いているが、「地域資料」と読み替えても通用する。この定義で、他に転嫁できない最終的な責任をもつと述べ、地域資料の必要性を高く評価し位置づけたことにおいて大きな役割を果たした。

さらに、近年の位置づけとしては、『情報基盤としての図書館』[5]に書かれた「その地域で発生する情報については、その地域の公共図書館でしかできない仕事であり、その図書館が最終的な責任を持つという認識は、最近ずいぶん一般的になっている。今、地方分権の動きの中で、図書館を再評価する一つのきっかけになるような仕事はこの地域資料サービスにあるのではないかと考える」という根本彰の考察がある。これは、『図書館ハンドブック　第4版』の定義を是認し、地域資料サービスが図書館を再評価するうえで大切であることを示している。

2

1.2 地域資料サービスの意義

次に，地域資料サービスを実施する意義について見ておきたい。

(1) 「図書館法」

第3条　図書館は，図書館奉仕のため，土地の事情及び一般公衆の希望に沿い，更に学校教育を援助し，及び家庭教育の向上に資することとなるように留意し，おおむね次に掲げる事項の実施に努めなければならない。

一　郷土資料，地方行政資料，美術品，レコード及びフィルムの収集にも十分留意して，図書，記録，視聴覚教育の資料その他必要な資料（（中略）以下「図書館資料」という。）を収集し，一般公衆の利用に供すること。

第9条　政府は，都道府県の設置する図書館に対し，官報その他一般公衆に対する広報の用に供せられる独立行政法人国立印刷局の刊行物を2部提供するものとする。

2　国及び地方公共団体の機関は，公立図書館の求めに応じ，これに対して，それぞれの発行する刊行物その他の資料を無償で提供することができる。

このように，第3条第1項に「郷土資料，地方行政資料（中略）その他必要な資料を収集し，一般公衆の利用に供すること」と規定されており，図書館が収集すべき資料の筆頭に地域資料が位置づけられている。このことによって，法的にも図書館における地域資料の必要性が位置づけられており，地域資料サービスに取り組むべき根拠となる。

また，第9条第2項の規定により政府刊行物の一部が市町村の図書館にも提供されており，この条文を根拠に公立図書館は地方公共団体の機関に対し，刊行物その他の資料を無償で提供するよう求めることができる。個別の納本規程を策定することが望ましいのは当然であるが，このような法的根拠があることを理解しておけば，遠慮することなく関係部署に資料請求することができる。

(2)　「図書館の設置及び運営上の望ましい基準」

　「図書館の設置及び運営上の望ましい基準」（平成24年文部科学省告示第172号）の「第二　公立図書館　一　市町村立図書館　2　図書館資料（一）図書館資料の収集等」の項目では，

1　市町村立図書館は，利用者及び住民の要望，社会の要請並びに地域の実情に十分留意しつつ，図書館資料の収集に関する方針を定め，公表するよう努めるものとする。
2　市町村立図書館は，前項の方針を踏まえ，充実した図書館サービスを実施する上で必要となる十分な量の図書館資料を計画的に整備するよう努めるものとする。その際，郷土資料及び地方行政資料，新聞の全国紙及び主要な地方紙並びに視聴覚資料等多様な資料の整備にも努めるものとする。また，郷土資料及び地方行政資料の電子化に努めるものとする。

としている。
　ここに記されていることにより，市町村立図書館は地域資料を整備し電子化に努める必要があることを示し，資料収集

方針を定め公開することを求めている。

(3) 『これからの図書館像－地域を支える情報拠点をめざして』[2)]

『これからの図書館像』は，文部科学省の生涯学習政策局に設置された「これからの図書館の在り方検討協力者会議」の報告書で，2006年に刊行されている。しかも，サブタイトルに「地域を支える情報拠点をめざして」としている。このことからもわかるように，これまでの貸出を中心とした娯楽教養型の図書館サービスから，課題解決型のサービスへ政策転換を提言した画期的な報告書である。

この資料の第2章2節「(3) 課題解決支援機能の充実」には，

　　これからの図書館には，住民の読書を支援するだけでなく，地域の課題解決に向けた取組に必要な資料や情報を提供し，住民が日常生活をおくる上での問題解決に必要な資料や情報を提供するなど，地域や住民の課題解決を支援する機能の充実が求められる。課題解決支援には，行政支援，学校教育支援，ビジネス（地場産業）支援，子育て支援等が考えられる。そのほか，医療・健康，福祉，法務等に関する情報や地域資料など，地域の実情に応じた情報提供サービスが必要である。

と記されていて，これからの図書館が取り組むべき地域の課題解決に向けた取り組みには，行政支援を含めた地域資料サービスが必要であることを裏づけている。

また，「(5)　多様な資料の提供」には，次のように記されている。

　　これまでの図書館は，図書の提供が中心であったが，今後は，図書だけでなく，雑誌記事や新聞記事も重視することが必要である。また，地域資料や，地域の機関や団体が発行しているパンフレットやちらしを提供することも，地域の課題解決や地域文化の保存の観点から重要となってくる。（中略）
　　地域資料には，活字資料以外にも写真，8ミリ・16ミリ映画，ビデオ，DVD等の映像資料や音声資料等があり，（中略）系統的に収集する必要がある。また，郷土史，地域文化など地域に関する資料を作成し，出版する役割を担っていくことも必要である。さらに，これらの地域資料を電子化して保存し，デジタル・アーカイブ機能の一環として広範囲に利用できるよう情報発信することも重要である。

　ここには，収集すべき資料が多様であることを記し，資料の作成・出版や電子化，保存と情報発信の重要性についても論究している。図書館が地域を支える情報拠点として機能するためには，このような多様な地域資料の形成が基盤となり，その活用があってこそ課題解決型サービスの展開が実現可能であることを示している。また，サブタイトルに「地域を支える情報拠点をめざして」としているもう一つの背景には，地域資料サービスの活性化へ向けた転換の必要性を示唆していることが読み取れる。

1.3 『地域資料入門』作成経過

　『地域資料入門』[1]のはしがきに記したように,「地域資料に関する単行本はほとんど見当」たらず,その後も同様な状況である。そのため,本書もこの『地域資料入門』を前提とし,参照しながら執筆することになるので,『地域資料入門』の作成経過と内容を振り返っておくことにする。

(1)　地域資料編集委員会の発足
　日本図書館協会出版委員会から 1997 年 1 月に執筆依頼があった。これを受けて相談した結果,三多摩郷土資料研究会として引き受けることになり,編集委員会を組織することになった。
　編集委員会が発足して最初に行ったのは,根本彰氏への参加依頼であった。実務担当者だけでは議論が深まらないため,研究者に加わってもらうことにしたのである。
　初会合をしたのは 4 月であった。その後,月 1 回のペースで立川市中央図書館に集まり,多摩地域における地域資料の実態報告と先行研究の調査報告という 2 本立ての研究協議を 1 年間行った。
　そして,内容構成を考え議論したうえで章立てと目次を検討し,1998 年 3 月に執筆分担を決め,書きあがった原稿を持ち寄って 7 月に合宿を開催し,執筆内容の検証を行った。脱稿するまでに 6 か月の時間を要したその理由は,議論が白熱し編集委員全員参加の徹底した検証を進めるとともに,納得するまで修正を行ったためである。
　日本図書館協会と出版契約をして出版に至ったのは,編集

委員会が発足してから2年後の1999年4月であった。

(2) 『地域資料入門』の内容

　この本は，地域資料という名称が定着していないこの段階で,「地域資料」としてサービスを展開する意義について述べ,資料の組織化と利用について体系的にまとめた入門書を執筆することを目的とした。そのため，郷土資料と地域資料の概念および歴史的な経過をたどり,「地域資料」の定義をまとめることが最大の課題であった。

　また，MARCの普及とともに資料の組織化は省力化され,資料の整理が図書館業務の中心であった時代から，分類付与や目録作成にかかわる職員の減少が顕著で，カタロガー不在の時代に移っていた。しかし，地域資料は一般書と違い自館でデータ入力しなければならない資料が大半であり，資料の収集・整理にかかわる時間が仕事の中心を占める。また，その種類の多様さと，地域行政資料をはじめとした特定の地域に限定された出版物が主流であることから，組織化の技術と知識が不可欠であるため概説書が必要とされたのである。

　次に，地域資料の資料価値の高さと利用期間の長さおよび資料提供の最終的な責任という位置づけから，資料保存の知識と技術を備え，利用を保障する役目を担わなければならないのである。

1.4 多摩地域と図書館の展開

　地域資料を語るうえで避けて通れないのが，歴史であり地域性である。次章で述べる地域資料の歴史的位置づけは，図

8

書館の歴史的な背景を知らなければ理解し難い。このことは，公共図書館の発展と『中小都市における公共図書館の運営』[6]（「中小レポート」）の問題とも密接に関連する。「中小レポート」の提言と日野市立図書館の実践によって，1965 年以降の公共図書館は大きく飛躍し発展した。そのため，多摩地域の図書館の歴史は日野から始まったと思い込まれ，日野市立図書館以前の図書館活動があまり知られていない。

　しかし，歴史を研究するには史料批判が必要であるように，図書館を研究するにはメディアリテラシーが不可欠である。そこで，『多摩百年のあゆみ』[7]第 5 章 3「開かれゆく図書館と市民」に書いたことを基に，多摩地域の図書館の歴史を振り返り，どのような時代背景の中で多摩地域の図書館改革が起こったのか確認しておきたい。

(1)　多摩地域の近代図書館史

　多摩の近代図書館史の始まりは，明治 10（1877）年代だと考えられる。

　明治政府が成立し，自由民権運動が活発に展開された場所の一つが，多摩地域である。自由民権運動にとって，学習は欠かせない機能であり，新しい国をつくるうえで学習する必要があった。そのために多摩地域に会員制図書館がつくられていく。その一つが町田の融貫社であり，もう一つが五日市の学芸講談会である。しかし，これらの図書館は自由民権運動のために存在したものであり，自由民権運動が衰退していくとともにやがて消えていった。

　その後，1903 年になると戸倉村（現・あきる野市五日市）に，「村民，殊に青少年に対して健全な図書を備えて閲覧させる

ことはきわめて大切なことである」として，千数百部の図書が備えられた戸倉村簡易図書閲覧所を開設する。1909 年には戸倉図書館と改称されて独立する。1911 年には町立八王子図書館が開設され，活発に利用されている。しかし，1945 年 8 月 2 日の空襲で，建物と 1 万冊を超える蔵書の大半が焼失してしまう。

　青年団の調査によれば，1930（昭和 5）年には東京府の郡部（三多摩のほかに 5 郡ある）に 39 の図書館と 89 の巡回文庫があったことが知られている。詳細は不明であるが，このような図書館の一つとして，1904 年に小平村同窓図書文庫が開設されている。蔵書数はわずか 552 冊，閲覧人員は年間で 3,292 人と記録されている。

(2)　戦後の図書館の発展

　戦災と物資の不足の中でも，戦後の図書館の発展には目覚ましいものがある。1945 年の 9 月には八王子市立図書館が，一度疎開していた図書を戻して再開する。1946 年には武蔵野町立図書館と東村山町立図書館ができ，1947 年には都立立川図書館，都立青梅図書館が設立された。1948 年には氷川町立図書館（現・奥多摩町）ができ，1951 年には村山町立中久保図書館（現・武蔵村山市）ができている。

　1955 年に八王子市立図書館が東京都に移管されることによって，多摩地域の都立図書館は 3 館となる。しかし，都立図書館がある立川・青梅・八王子からは市立図書館が消え，独自に図書館が設置されない状況が続く。その一方で，1956 年には町田市が，1961 年には府中市が図書館を設立し，1962 年には奥多摩町の古里分館ができる。奥多摩町に 2 館目の図

書館ができたわけで，図書館活動が進んでいたことがわかる。1964年には小金井市立図書館と三鷹市立三鷹図書館ができる。こうして，1964年には都立図書館3館，市町村立図書館9館が多摩地域に存在することになる。

　しかし，この時代の図書館は入口で住所・氏名を記入して入館票を受け取り，閉架書庫から出納される本を館内で閲覧するという限定された利用方法が主流で，利用しやすい図書館とはいえなかった。また，1948年の都立図書館の蔵書数は，立川が3,800冊，青梅が5,400冊で，開館時間は正午から午後5時までであった。青梅図書館は小石川図書館の焼け残りの蔵書を移管して開館したもので，館独自の図書購入費はなく日比谷図書館からの配本を待つしかなかった。このような苦境の解決策として，久保七郎館長は1949年12月に会員を募って会費を集め，独自に新刊書を購入して，会員の自宅までリヤカーで本を運ぶというサービスを開始する。「青梅訪問図書館」の誕生である。このサービスが都立図書館の移動図書館の原型となり，1953年7月から移動図書館車「むらさき号」の巡回が開始された。

　このような状況の中で，武蔵野市立図書館の活動は注目に値する。1948年の蔵書数は6,000冊を数え，毎月15日以外は年中無休で開館している。1957年度末には蔵書数が2万冊を超え，「武蔵野文庫」という地域資料コレクションは不朽の資料群として高く評価されている。

(3)　開かれゆく図書館

　旧弊な状況を打破し，図書館を親しみやすく利用しやすいものにしたのは日野市立図書館である。1965年9月に移動

図書館によるサービスを開始した日野市立図書館は，破格の資料費をもち，新しい本を利用者の手元まで届け，簡単な手続きで誰にでも無料で貸し出したのである。しかも，リクエスト制度の導入は利用を大きく促進した。この結果，日野市の1966年度の貸出統計は23万冊を数え，小金井・調布・府中・町田・奥多摩の6市町村の合計9万5千冊と都立3館の11万冊の合計を超えている。

　この日野市の先進的な図書館活動は，全国の図書館に刺激を与えたわけであるが，どこよりも顕著な反応を示したのが多摩地域の図書館であった。日野にならって図書館改革を進め活発なサービスを展開したのは，府中市であり，町田市であり，調布市立図書館であった。このような展開があってこそ多摩地域の公立図書館の発展につながったのである。

　府中市は1967年3月に新館を開館し，資料を充実させ貸出を重視するとともに，日本で初めておはなし室を設けるなど児童サービスに力を入れた。また，1968年8月からは移動図書館車の巡回を開始した。この結果，1969年度の貸出冊数は25万冊を超えている。町田市も1970年10月から移動図書館車を巡回させ，1971年度の貸出冊数は50万冊近くを示している。調布市は市域全体の図書館網の整備を進め，1971年度の貸出冊数は20万冊になっている。

　このような活動を背景に，1970年6月に東京都が『図書館政策の課題と対策』と題した公立図書館振興施策を打ち出した。これは，日本の図書館史でも画期的な事例で，1971年度から図書館建設費の2分の1と資料費の2分の1補助を実施した。この政策の実施により，1970年度には14館にすぎなかった多摩地域の図書館が，1976年度には64館と50館も増

えている。

　参考のために，「多摩地域の図書館略年表」を記す。

【表 1-1】　多摩地域の図書館略年表

年　代	事　　　　　　項
明治 10 年代	自由民権運動と会員制図書館の設置
1903 年	戸倉村簡易図書閲覧所の開設（1909 年戸倉村図書館と改称）
1911 年	町立八王子図書館の開設（1955 年 1 月東京都に移管）
1930 年	東京府郡部に 39 の図書館と 89 の巡回文庫が存在
1947 年	都立立川図書館，都立青梅図書館の設立
1949 年	青梅訪問図書館の開設
1953 年	移動図書館車「むらさき号」の巡回開始
1955 年	多摩地域に都立図書館 3 館となる
1964 年	多摩地域に市町村立図書館 9 館となる
1965 年	日野市立図書館が活動開始
1971 年	東京都による公立図書館振興施策の実施

2章 地域資料の歴史的位置づけ

地域資料の実務に取り組む前に必要なのは、地域資料の意義と必要性を知ることであり、歴史的位置づけを把握しておくことである。そこで、本章では『地域資料入門』[1]の第1章3節「地域資料の歴史的展望」に書かれた内容に沿って、地域資料の意義と歴史的な経過をたどる。

2.1 明治・大正・昭和前期の郷土資料

(1) 日比谷図書館での郷土資料の収集

1910（明治43）年に文部省は「其ノ所在地方ニ関スル図書記録並其地方士ノ著述ヲ蒐集スルコト最肝要ナリトス」という訓令を出している。このことを受けて、明治末期から大正期にかけて郷土への関心が高まり、東京市立日比谷図書館では1916（大正5）年に郷土資料の収集に着手している。これは、長禄年代（1450年代）から大正・昭和に至るまでの地図類、武艦、錦絵、双六類を中心とした東京に関する約43,500点の資料で、「東京誌料」と呼ばれている。

(2) 郷土資料サービスの萌芽

当時の公立図書館の今澤慈海（東京市立図書館館頭）、今井貫一（大阪府立図書館長）、佐野友三郎（山口県立図書館長）といっ

14

たリーダーたちは，歴史資料だけでなく地域で発生している資料の重要性を十分に認識していた。

　今井貫一は，「郷土資料と申せば普通古きもののみを指し，現在のものを疎外する傾がある。之は勿論誤解であって，必ず現状を記述せるものをも併せ備へなければ図書館に於ける完全なる資料と云へぬのである」[8]と述べ，古い資料だけでなく現在の資料を収集する必要性を説いている。また，「郷土資料如何に貴重なりとは云へ，其安全に偏重して深く之を密蔵し，更に使用の便を計らざれば，所謂死蔵に属し切角の整備も徒労となるのである。要は其保存と使用とを併せ考ふることが肝要である」と説き，郷土資料を死蔵することなく利用することの重要性を指摘している。

　佐野友三郎は，『通俗図書館論』[9]の通俗図書館の経営の結論として「府県立図書館は府県の沿革および現状を徴すべき新旧郷土志料並研究調査に要する参考図書を蒐集して，（中略）管内一般の公衆に無料にて閲覧又は帯出せしむる」と述べ，郷土資料の収集と提供の必要性を説いている。

(3)　ブラウン『図書館経営論』の影響

　特に，1906年初版発行のブラウン『図書館経営論』[10]の影響力は大きかったといわれている。これは公共図書館運営の指針としてイギリスで読まれ続けたもので，地域資料コレクションの章がある。

　この本はセイヤーズが執筆した3版[11]で大幅な改訂が行われている。それまで1ページ分しかなかった"Local Collections"の記述が，28章（p. 399-414）の16ページを割いて詳しく記述されるようになっている。

(4)　改正図書館令

　1933 年に改正された図書館令は，6 条の条文であった旧図書館令が 14 条に改正され，その第 1 条に「図書館ハ図書記録ノ類ヲ収集保存シテ公衆ノ閲覧ニ供シ其ノ教養及学術研究ニ資スルヲ以テ目的トス」と規定した。このことによって，図書だけでなく記録も収集対象になり，郷土資料を中心とする蔵書構築が進むことになった。

2.2 ｜1950 年代の郷土資料論

(1)　図書館法と郷土資料

　1950 年に図書館法が成立し，第 3 条第 1 項に「郷土資料，地方行政資料（中略）を収集し，一般公衆の利用に供すること」とあることから，地域資料は公立図書館が収集し，提供すべき資料と位置づけられている。

　西崎恵は『図書館法』[12)] に，

　　郷土資料というのは，その図書館の所在する地域に関連をもつ文献とか，考古学的又は民族学的資料等を言う。地方行政資料とは，その図書館の所在する地方公共団体の行政に関する資料で，条例とか規則とか告示とかもその中へ入るのである。このような郷土資料や地方行政資料の収集にも十分留意されなければならないというのである。これは土地の事情に留意して図書館奉仕が行われるためには是非とも必要なことで，住民はこれらの資料によって，自分達が住んでいる郷土の沿革とか，郷土のもっている今日の問題とかを理解するのである。

16

と立法の主旨を述べている。

このような状況を受けて，郷土資料の収集についての議論が進んだ。

(2) 石井富之助「郷土資料の収集について」

小田原市立図書館の石井富之助は，1951 年に「郷土資料の収集について」[12] を書いている。

石井は，「図書館法により図書館の収集すべき資料が拡大された今日においては当然修正されなければならぬ」として，収集範囲について次の項目を掲げて詳しく説明している。

1. 郷土に関する図書，記録その他すべての印刷物
2. 郷土出身者の著作物
3. 郷土発行の印刷物
4. 前三項に準ずる視聴覚資料

しかも，1962 年に書いた「市町村図書館の独自性－郷土資料を核とした資料構成」[13] で郷土資料の重要性について述べている。その理由は，「郷土資料は地方行政資料を含む現代資料までも指す」としたうえで，「その地域の図書館以外のところでは集め得ないもの」であることから，「他のいかなる図書館の追随も許さぬ重要資料だということができる」と主張している。

この論考は，『図書館ハンドブック　第 4 版』[4] の郷土資料の定義につながる先進的なものであったが，いずれも『神奈川県図書館協会報』に掲載されたこともあって，あまり知られていない。

(3) 全国図書館研究集会が郷土資料をテーマに開催

1954年の全国公共図書館研究集会（松山市）は郷土資料の扱いをテーマとして開催され，近世文書の分類法が重点的に取り上げられている。

(4) 山口県立図書館の郷土資料室が分離独立して文書館を設置

現在でも古文書を所蔵している図書館があるが，1950年代には文書館が存在しなかったので，図書館で管理することが普通であった。山口県立図書館もその中の一つであるが，1959年に郷土資料室を歴史資料保存機関として分離独立させ，日本で初めて文書館を設置している。

2.3 公立図書館発展期の郷土資料

(1) 「中小レポート」と郷土資料

1963年には『中小都市における公共図書館の運営』[6]（「中小レポート」）が出版され，その後の公立図書館発展の基礎となったといわれている。これは，「資料提供」という概念を中心に実践的な活動指針を提起したもので，それ以前の沈滞した図書館運営に対するアンチテーゼを突きつけた。

前節で見たとおり，小田原市立図書館のように地方行政資料を含む現代資料を包括した実践がある一方で，1950年代の郷土資料は古文書の扱いを中心とする郷土資料サービスの傾向が強かったといわれている。郷土資料は新聞の文化欄に載り，研究者が利用する特別な資料ということもあって，貸出を軸にした資料提供を前面に押し出す「中小レポート」理論

の阻害要因と映り，批判の的となった。

「中小レポート」の相談（レファレンス）には，次のような項目を立てて地域資料サービスを位置づけていることも確かである。

・地域の日常生活に関する情報（市政・主要な産業・行事）
・郷土史に関すること

しかし，「中小レポート」の郷土資料の説明に「趣味的な，後向きの郷土資料の取扱いは，社会の誤解と，図書館員の評価を固定してしまい，（中略）図書館の貧しさを恒常化する危険性をもつものである」と記述したことは，大きな禍根を残した。

佐藤貢は「舌なめずりする図書館員」[14)]で，「地域社会と密着している中小図書館であるから（或はあったから）こそ，産業資料も行政資料も，時としては貴重な古文書，古記録の類までが集められ，整理され，保存されてきたのではないだろうか」と批判している。また，青木一良は「『中小都市における公共図書館の運営』について」[15)]で，「意見と評価が先行してその裏付けのために調査結果のあれこれが採用されているような感を受ける」として調査方法の不備を指摘している。

1975年に図書館に配属され地域資料担当になった新卒の筆者が，「中小レポート」を参考にしようとして開いたとき，この「後向きの郷土資料の取扱い」という表現に出会って暗澹たる気持ちに追い込まれたことが思い返される。戦略的な意図があったとしても，「中小レポート」のこの表現は地域資料担当者たちには重圧となったのである。

(2)　郷土の資料委員会と歴史資料

　このような状況の中で，1960年代になって新しく出てきた地域資料に関する動きとして，次のようなものがある。

①　東京都公立図書館東京資料研究会の発足

　1962年2月に発足した組織で，東京都の郷土資料担当者の研究会である。

②　叶沢清介「『郷土の資料を図書館に収集しよう』運動の提案と実践について」

　県立長野図書館長の叶沢清介は『図書館雑誌』1962年6月号に，「『郷土の資料を図書館に収集しよう』運動の提案と実践について」[16]という文章を載せて地域資料の収集を呼び掛けた。これは，地方行政資料や農工水産関係等の今日的な資料収集を重視しながら郷土に関する資料の充実を提唱したものである。

　三多摩地域資料研究会で長野県の叶沢氏の自宅を訪ねて，話をうかがう機会があった。しかし，氏の関心はPTA母親文庫にあって，地域資料の収集については沓掛伊佐吉の報告を紹介されたことぐらいで，特別な話はなかったと記憶する。

③　郷土の資料委員会の発足

　日本図書館協会に臨時委員会として1963年5月に設置された組織で，1967年まで活動を続け，公共図書館全国研究集会で郷土資料や地方行政資料の問題を討議している。

　この設立の経過と活動の成果については，沓掛伊佐吉が「郷土の資料委員会の歩みと今後の問題」[17]と題して整理してい

る。その委員会設立の要点は次のとおりである。

・設置の契機は，②の叶沢提言である。
・「郷土の資料」としたのは郷土資料に対するイメージチェンジを図ろうとしたことにある。
・委員会は都道府県委員と常任委員 7 人で構成した。
・委員長は提案者の叶沢清介とした。

　また，最後に今後の問題についてまとめており，図書館活動の三本柱は館外貸出，レファレンス，郷土資料だとして委員会の再発足を求めている。

　この委員会の成果としては，1965 年刊の『郷土資料目録総覧』[18]と『郷土の資料収集に関する調査結果一覧』[19]がある。

(3)　地方行政資料への対応

　1965 年に富山市で開催された全国公共図書館研究集会では，地方行政資料がテーマになった。この集会で永末十四雄（田川市立図書館）が「地域資料」ということばで説明しており，地域資料という用語を用いた先駆けとされているが，明確に定義されたわけではなかった。

　永末は図書館史研究者として『日本公共図書館の形成』（日本図書館協会，1984）が知られている。同時に筑豊地域の郷土史研究者としても活躍し，『筑豊』（日本放送出版協会，1973），『筑豊讃歌』（日本放送出版協会，1977）の著書がある。

2.4 1970 年代の地域資料の実践

(1)　東京都の図書館振興政策と郷土資料

　日比谷図書館での郷土資料の収集，東京都公立図書館東京

資料研究会の発足の項で触れたように，東京都と都内の公立図書館では郷土資料の実践を積んできた。このことを受けて，1970年4月に図書館振興プロジェクトチームが『図書館政策の課題と対策』[20]と題して報告した東京都の公立図書館振興施策には，郷土資料が明確に位置づけられている。

区市町村立図書館の基本的機能の表に，中心館の機能として「参考図書，専門書，当該区市の行政資料，産業資料，郷土資料を備えて住民の調査研究の一般的な要求にこたえる」と記している。また，図書館政策の課題と対策の説明としては，公共図書館の役割の調査，研究，情報センターの機能の項に，「生活の維持向上のための調査研究，郷土の史資料の研究や，専門分野の学問の研究，さらに，事業の経営，行政の運営といった広い分野の調査研究を援助する住民の研究室である」と書かれている。

このことは，これまでの郷土資料の実践を評価し，住民の調査研究を支援するために行政資料や郷土資料を備えることは，図書館振興策を遂行する上で必要な機能と位置づけているといえる。

また，1974年に東京都公立図書館長協議会が『地方行政資料の収集とその利用について』[21]という報告書を出したこともあって，地域資料サービスの実践が推進されることになる。

(2) 地域資料実践の定着

「中小レポート」の理念を具現化したマニュアルが，1970年に刊行された『市民の図書館』[22]である。そのためここには，貸出，児童サービス，サービス網が中心に記述され，1976年の増補版も含めてレファレンスの章はなく地域資料には触

れられていない。

① 日野市の実践

『市民の図書館』のモデルとなった日野市では，1973 年に中央図書館を開館している。その 2 階には参考室と市民資料室が設けられ，レファレンスと地域資料サービスを本格的に実施している。また，1977 年には新築した日野市役所の 1 階に市政図書室を開設し，市の行政資料室と議会図書室の役割も兼ねた地域資料サービスの実践に着手した。この活動は，先進的な地域資料サービスのモデルとも評価されている。

② 東京都公立図書館郷土資料研究会

東京都公立図書館長協議会[23]は，1951 年に情報交換の必要から発足した。1953 年の規約第 3 条には，次の事業を行うと記されている。

1　研究会の開催
2　研究調査の立案並びに実施
3　研究調査資料等の刊行，交換
4　相互貸出の実施
5　講習会，講演会，映写会等の開催
6　図書館関係機関並びに他の社会教育機関との連絡提携
7　その他必要なる事項

この協議会では 1964 年に第 1 回研究発表会を開催し，1967年度から職員研究集会，1970 年度からは職員研究大会と名称変更して毎年研究大会を開催している。1970 年 3 月に開催された 1969 年度の職員研究集会の郷土資料分科会で，東京都公立図書館郷土資料研究会を正式に設立している。また，9

条構成の規約が事前に制定されていて 1 月 22 日施行となっている。

　その目的は，「東京都公立図書館における郷土資料（地域資料）の収集および調査研究の発展向上」である。事業としては，歴史的資料・行政資料の収集および調査研究と情報の交換をあげ，年 1 回以上の定例会の開催を謳っている。

③　三多摩郷土資料研究会の発足

　1970 年代には，東京都の図書館振興策が実施されたことによって，多摩地域に飛躍的に図書館が増えていった。そこで日野市の実践が示すように，多摩地域のどこの公立図書館でもレファレンスや地域資料サービスに取り組み，地域資料担当者が置かれるようになっていたのである。

　しかし，『市民の図書館』に触れられていないだけでなく，地域資料に関する適当な概説書や入門書が見当たらなかった。多摩地域の地域資料担当者たちは東京都公立図書館郷土資料研究会にも参加し，研修の機会はあったものの，図書館の歴史とコレクションの差が大きく，問題意識と現状認識の違いもあった。

　このことから，同様な地域性や歴史を持ち，新しく誕生した図書館同士という状況もあって，市町村立図書館が中心の別の研究会を立ちあげる検討会が持たれた。1975 年 12 月のことである。この呼びかけが功を奏し，東京都市町村立図書館長協議会の承認を得て，翌年 4 月に三多摩郷土資料研究会が正式に発足することになった。

④ 東京都における「地域資料」名称の使用

　前に述べたように，地域資料という用語を用いた先駆けは永末十四雄で，1965 年に全国公共図書館研究集会で使ったと紹介されている。この名称が東京都でどのように使われ，位置づけられていたのかについて概観してみたい。

　「国立国会図書館サーチ」で検索すると，品川区立図書館の 1965 年 8 月刊行の『東京地域資料目録　第 1 分冊』[24]がある。この冒頭に「東京地域資料」の概説があり，「地域資料とはなにか」について次のように説明している。「当館では，昭和 37 年度当初の館舎改築着工以前に，従来の郷土資料という名称を，東京地域資料に改めたが，その理由は，（中略）郷土意識の稀薄な地域で，郷土という呼称を与えても実感をともなうことがなく，かえって都民の出身地に対する名称であるかのように誤解されることが多い」として，「当館では東京という地域社会に関するあらゆる情報資料のコレクションをもっとも適確に示す語として，東京地域資料とよび，そのための場を地域資料室と名づけた」と記している。このことから，品川区立図書館では 1962 年に郷土資料から地域資料に改称したことが確認できる。また，1966 年 3 月号の『図書館雑誌』に掲載した「ずいひつ郷土資料」[25]で伊藤旦正がこの地域資料室の紹介をしている。

　このような先行事例を受けて，1970 年 3 月に設立された東京都公立図書館郷土資料研究会は，その目的に「郷土資料（地域資料）」と地域資料の名称を併記している。ここに郷土資料と地域資料が併記されているのは，地域資料という概念が流布しつつある証左である。しかし，郷土資料という名称を使っている図書館が多数を占めていたために，郷土資料がメイ

ンの名称に使われたものと思われる。そして，次の事例が示すように，1970年代後半から徐々に地域資料という名称が使われるようになっている。

⑤　斉藤京子，瀬島健二郎，大串夏身「東京地域資料論」[27]

　これは東京都立中央図書館の『研究紀要』第9号（1977年）に掲載されたものである。「第1章　郷土資料小史」，「第2章　行政資料の収集」，「第3章　民間資料の収集」，「第4章　地域資料の収集とその組織化」で構成されている。東京都立図書館が取り組んできた地域資料の歴史，および収集と組織化についてまとめられ，そのレベルの高さが実感できる論文となっている。

⑥　小島惟孝「公立図書館における地域資料（郷土資料）について」[28]

　小島は1970年代から墨田区立図書館で長年地域資料を担当し，東京都公立図書館郷土資料研究会の中心メンバーの一人である。この報告の中で，「地域資料でも，郷土資料でもよい」として，地域資料（郷土資料）サービスを「その地域の公立図書館が責任をもって補完し，その地域に関する資料を収集・整理・保管・提供していかなければならない。そのことは公立の地域図書館に課せられた役割といえる」と述べている。

　このことから，地域資料も郷土資料も同じ概念でとらえていることがわかる。

(3)　全国図書館大会とその後の地域資料

　郷土の資料委員会の活動は 1967 年で終了し，全国図書館
大会の郷土の資料部会の活動は 1975 年が最後となった。

　その後，全国図書館大会で郷土資料分科会が開催されたの
は，1988 年の多摩大会が最後である。この分科会は三多摩郷
土資料研究会が運営にあたり，「開かれた郷土資料（地域資料）
のために」というテーマで，図書館・博物館・大学図書館・
企業資料室の連携を模索している。

　しかし，全国的な運営組織をもたないことから，その後は
全国図書館大会で地域資料がテーマとして取り上げられてい
ない。それに代わって 1990 年から日本図書館協会資料保存
委員会が主催する資料保存分科会が開催され，現在まで続い
ている。

　全国図書館大会でテーマとして取り上げられなくなったか
らといって，地域資料の研修会がなくなったわけではない。
全国公共図書館整理部門研究集会や各県の職員研修会等で数
多く地域資料研修会が開催されており，実務的な研修会に移
行しているともいえる。

　また，多摩地域公立図書館大会では三多摩地域資料研究会
が担当して，毎年地域資料分科会が開かれている。

(4)　『図書館ハンドブック』の定義

　このような時代の流れの中で，『図書館ハンドブック　第 4
版』[4)] に俵元昭が郷土資料を，「特定の公共的奉仕圏をもつ図
書館は，その地域内に関するあらゆる資料（情報）の収集と利
用について，他に転嫁できない最終的な責任をもつ」と定義
した。

図書館における郷土資料を明確に位置づけ，その果たすべき役割を「他に転嫁できない最終的な責任」と高らかに謳いあげた意義は大きい。この定義は，その後地域資料を担当する者たちの規範となり，精神的な支柱ともなったのである。

　『図書館ハンドブック　第5版』[29]は「地域資料」の見出しで行政資料と地域資料に分けて書かれ，「地域資料は郷土に関する資料であり，郷土に大きく依存している公共図書館においてはたいへん利用の多い特に重要な資料である」としている。しかし，定義は範囲について触れていてピントがずれている。

　『図書館ハンドブック　第6版』[30]も「地域資料」の見出しで，「a. 定義」，「b. 選択と収集」，「c. 課題」の3項目に分けて書いている。この定義は，「図書館法では，『郷土資料』『地方行政資料』とされているものを，地域資料として扱う」と述べているにすぎない。

2.5 1980年代以降の地域資料論

　1970年代の地域資料の実践を受けて，1980年代以降には実践が積み重ねられ充実・発展していくとともに，地域資料に関する研究も大きな成果をあげていく。

（1）　根本彰「戦後公共図書館と地域資料」の果たした役割
　1987年に刊行された『情報公開制度と図書館の自由』（図書館と自由　第8集）に掲載された根本彰「戦後公共図書館と地域資料」[31]は，『地域資料入門』を執筆する契機となった。それだけではなく，図書館法制定以降の郷土資料サービスにつ

いて詳細に検証し，地域資料概念を整理し，確立した画期的な論文である。

この根本氏の論点は，次のようにまとめられている。

　従来，このサービスは郷土資料サービスの一環としてとらえられ，かつ実践されてきたという歴史がある。郷土資料というとき，資料の発生源ないしは主題はほかならぬ当該地域（郷土）であり，その住民である。郷土資料サービスは，自分の住む地域がどんなところであり，どんな歴史をもち，どんなことが行なわれているか知るための資料を提供することである。郷土資料サービスと地域資料サービスとのあいだに差異があるとすれば，郷土という概念が希薄になり地域がそれにとってかわりつつある社会的背景に注目しなければならない。端的に言えば，郷土ということばが住民および図書館の存する基盤の即自的な表現であるとすれば，地域ということばに変化，改善の余地を含む対自的な要素を見出し，郷土資料から地域資料（地域変革の有力な核となる行政資料を含む）への概念の変化という図式が本稿のひとつのモチーフである。

このように概念の変化を詳細に論究したうえで，郷土資料から地域資料への変遷をたどっている。

しかし，この論文は地域資料を定義する意図はなく，「情報公開との絡みの議論は，地域資料実践を他の地域にも普及させるための弾みとなるのだろうか」という結びになっている。

(2) 『みんなの図書館』の特集

1990年3月に刊行された『みんなの図書館』は,「図書館の個性・郷土資料」という特集で,小島惟孝「公立図書館における郷土資料サービス」[32],鈴木理生「郷土資料と地域資料」[33]をはじめとして9本の報告を掲載している。そして,「特集にあたって」で編集担当者が「郷土資料というのは,図書館の資料構成の中では,なくてはならないものだと,みなさんお考えになってらっしゃると思います」と述べ,特集のタイトルは「通りがよいと思われる郷土資料という名称を使いました」としている。このことは,図書館関係雑誌で地域資料の特集を組むほど地域資料が存在感を増しているとともに,郷土資料という名称がまだ一般的であることを物語っている。

特集の中で地域資料論を展開しているのは,墨田区立図書館の小島と千代田区立図書館の鈴木で,両者とも東京都公立図書館郷土資料研究会の中心メンバーである。

小島は,「郷土という概念は,郷土資料を利用する側と収集する側とによって,理解が異なることが多い」としたうえで,「郷土資料といういい方をするか,地域資料といういい方をするかということは,先にも触れたように,一般的な郷里・故郷と間違われないということならば,地域(地方)資料の方がよいかもしれない」と述べている。

鈴木は,「今ほど,自分たちの生活環境についての知識や情報が必要な時はないはずである。図書館はそのサービスエリア内の生きた情報を精力的に集めて,体系化させることを図るべきである。それが地域資料の本来の姿だからである」という前提条件のもとで,「一小図書館が量ではなく質の面で,その独立性・専門性を発揮できる分野は,地域資料の分野を

おいてはない」と結論づけている。

　この両者の論調から地域資料という名称が定着しつつあることがわかり，鈴木は郷土資料と地域資料概念の違いを明確にしている。

(3)　研究文献レビュー「地域資料サービス」

　2015 年には，『カレントアウェアネス』[34)] に竹田芳則が地域資料サービスの研究文献レビューを掲載している。これは，『地域資料入門』[1)] の巻末に地域資料に関する先行文献一覧が掲載されていることから，1999 年以降に国内で発表されたものを対象としている。

　内容としては，地域資料サービスのあり方について，調査研究の動向，サービスをめぐる課題，デジタルアーカイブ化などの近年の取り組みの紹介で構成され，93 件の文献がレビューされている。

　竹田のレビューの内容に関して，多摩地域の地域資料サービスが広がりを見せていないという評価については多少の異議もあるが，この労作によって 1999 年以降も地域資料に関する文献が数多く著されていることが確認され，研究動向の変化も見てとることができる。

2.6　三多摩地域資料研究会の活動

　『公共図書館の冒険』[35)] の第 2 章で小林昌樹は，三多摩地域資料研究会の活動について次のように述べている。

　　1980 年代の後半には別の方向が指向されるべきだった

が，日野市立の成功が神話化してしまったためだろう，いつまでたっても「もう貸出は強化しないでもよい」という方向へかじを切ることが図書館界にはできなかった。郷土資料やレファレンスの専門家は現場から徐々に姿を消していった。日本図書館協会においては，司書の議論や研鑽の場となるべき「郷土の資料委員会」も参考事務連絡会も，1970年代にいつのまにか消滅していた。郷土資料の議論が図書館界で再開されるのは，東京の三多摩郷土資料研究会が胎動を始め，「郷土資料」を「地域資料」と呼び変えた1999年あたりからである。

1970年代以降に議論が成熟する中で，三多摩地域資料研究会が多摩地域で地域資料の実践を積み重ねてきた意義は大きい。そこで，次にその経過と足跡を整理しておきたい。なお，詳細については「三多摩郷土資料研究会13年のあゆみ」[36]，「定例会100回の軌跡」[37]および『平成27年度東京都多摩地域公立図書館大会報告書』[38]を参照されたい。

(1) 三多摩郷土資料研究会の発足

① 研究会の発足

1975年12月に三多摩郷土資料研究会（以下，三郷研）が発足した。地域資料の担当者に事前に呼びかけの文書が回り，私的な集まりとして研究会を立ち上げたのである。

② 当初の活動方針

この活動方針として次の5つのテーマを掲げた。

・情報交換

・各館の実状視察と意見交換

・講演会の開催

・利用・分類・整理についての研究

・資料発掘

　最初は情報交換をした。担当者たちが何を問題として悩んでいるのか，どんなことを研究すればよいのかを考えた。そのために話をするだけではよくわからないので，次に現場を見ることから始めた。担当者に地域資料の現状と課題の報告をしてもらい，実際に資料を見た。

(2) 規約の制定

　1975年12月の発会の時に提示した規約に近い提案事項があるものの，正式な規約は作成していなかった。そこで，10年後の1985年4月1日に制定し，即日施行とした。その要点は次のとおりである。

① 会の目的（第2条）

　「この会は，三多摩公共図書館における郷土資料（地域資料）業務の総合的な発展向上と，相互協力の推進に努めることを目的とする。」

② 会の事業（第3条）

・郷土資料の総合的な調査研究に関すること。

・各図書館で入手した情報や資料の交換および配布に関すること。

・資料・情報および調査等の相互協力に関すること。

・講習会・学習会に関すること。

・資料作成および発行に関すること。

③ 会の組織（第4条）

　「この会は，三多摩市町村立図書館の郷土資料担当者およ

びそれに準ずるものをもって構成する。」

④　会の運営（第 11・13 条）

年 6 回の定例会・臨時会の開催および部会の運営

この規定の中で，②の会の事業は，三郷研にとって重要な規定になっていく。このことによって研究会に参加した人たちだけが知識や情報を手に入れるのではなく，地域資料の仕事をするために欠かせない道具をつくる根拠になったといえる。

「③　会の組織」によって，館長会の認める正式な研究会として位置づけられ，公務として研修会を開催し，担当者が集まることができるようになった。

④は会の運営で，最初は続けていけるのかどうかわからなかったものが，10 年後には，年 6 回の定例会が確実に運営されている。それでも足りなくて，臨時会や部会を開催するまでになる。

(3)　定例会の実施

定例会は次のような経過をたどった。

①　第Ⅰ期　【現状把握の時期】1975〜78 年度（1〜18 回）

この時期は，当初の活動方針で述べたように各市の地域資料業務の現状報告と視察を中心とした運営をしている。

もう一つ注目したいのが，レファレンス事例集の作成である。まだワープロが普及していない時代に，手書きの原稿をコピーしてつくったのがこのレファレンス事例集で，けっこう役に立った。いち早くレファレンス事例集を出したのは，地域資料を担当するうえでレファレンスの積み上げがとても

大事だったからである。レファレンスの記録をつけて，みんなで共有していくという意識を持って仕事に取り組んでいたのである。

② 第Ⅱ期 【活動範囲拡張の時期】1979〜82年度（19〜38回）
　この時期は活動範囲が拡張し，図書館から飛び出していく時期である。多摩地域の図書館はひと通り見たので，類縁機関を訪ねてその活動に学ぶ時期に入る。また，行政資料，図書以外の資料の整理法を追求している。

③ 第Ⅲ期 【資料組織化の時期】1983〜88年度（39〜73回）
　資料組織化の時期に入り，改めてどういう資料を集めていくのかを追求している。また，図書館業務にコンピュータが入ってくる時代を迎え，地域資料担当者はデータ入力と密接にかかわらざるを得なかった。
　資料の組織化を図るために必要なのが地域資料分類表である。『日本十進分類法』（NDC）の2桁分類を変形して独自分類をするという方法が多かった中で，日野市は行政資料を中心にしたオリジナルな分類表を作成していた。それを参考にして，三郷研分類表を作成したのである。この分類表は，神奈川県立図書館や千葉県内の図書館でも使われており，その果たした役割は大きかったといえる。
　このほかにも「多摩地域雑誌記事索引」や「実態調査報告書」づくりが行われ，1985〜1995年度まで会報を発行している。地域資料担当者の層が厚くなり，新しく加わった人たちも前任者から継承ができていたからこそ，新しい事業に取り組めこれだけの力を発揮できたのである。

④　第Ⅳ期　【多様化の時期】1989〜94年度（74〜110回）

この時期は多様化の時代を迎える。資料保存・子ども向け資料・地図資料の問題に取り組み，総合目録づくりも本気になって研究した。

⑤　第Ⅴ期　【成果の集大成の時期】1995〜98年度（111〜133回）

三郷研が20年目を迎える時期で，この時期に次のような事業を展開している。

・『多摩地域郷土資料・地域資料業務実態調査報告書』刊行（1996（平成8）年2月）
・『新編武蔵風土記稿索引　多摩の部』刊行（1997年1月）
・「地域資料編集委員会」の設置（1997年3月〜1999年3月）
・『地域資料入門』刊行（1999年4月）

『新編武蔵風土記稿』の多摩郡の部の索引の作成については，第7章で述べる。『地域資料入門』編集のための「地域資料編集委員会」が設置されたのもこの時期で，研究成果の集大成の時期といえる。

⑥　第Ⅵ期　【電子化と初心者養成の時期】1999〜2005年度（134〜173回）

三郷研の創立から25年も過ぎると古くからの担当者は異動し，ベテランがだんだん少なくなってくる時期を迎える。また，今までの担当者が係長になり，課長補佐になり，館長になるという事態も出現する。しかも，ベテランになればなるほど他の仕事も担わなければならなるという流れの中で担当替えが進んだ。そのためにビギナーのための講習を開催する必要が生じたのである。

また，電子化の普及によって，インターネット入門から地域資料のデジタル化までを視野に入れた研修が必要とされる時代を迎えている。

⑦　第Ⅶ期　【地域課題解決型図書館の時代】2006 年度～
　　（174～203 回）
　地域課題に応え，情報機関としての機能が求められる時代に入ってきたことによって，地域の課題解決型サービスに目を向けていく。そして，改めて類縁機関との連携を考えるために，博物館・文書館・資料館・美術館・文学館等の視察をし，『地域資料入門』について 6 回に分けて報告している。
　また，図書館草創期からのベテラン司書の退職の時期を迎え，図書館経営形態の多様化や世代交代が進んだ時期でもある。

⑧　臨時会と分科会
　定例会のほかにコンピュータ分科会が，1985～86 年度に 5回ほど行われた。コンピュータのシステムを研究するために，先進的な事例として浦安市立図書館の視察を行っている。
　臨時会としては，1987 年 12 月に全国歴史資料保存利用機関連絡協議会関東部会と共催で，1991 年 12 月には日本図書館協会の資料保存委員会と共催で開催している。

(4)　事業の展開
　前節の定例会の実施で説明した事業を整理すると，次のようになる。
①　『三多摩郷土関係団体・資料目録』の作成（1977 年度）

② 『三多摩郷土関係レファレンス事例集』の作成（1979年度）
③ 『郷土資料業務マニュアル集』の作成（1981年度）
④ 『多摩地域関係雑誌所在目録』の作成（1983年度）
⑤ 『郷土資料分類表』の作成（1983年度）
⑥ 「多摩地域関係雑誌記事索引」のカード化（1984年度）
⑦ 『多摩地域郷土資料業務実態調査報告書』の作成（1986年度）
⑧ 『三多摩郷土資料研究会　会報』の発行（1985〜95年度）
⑨ 『新編武蔵風土記稿索引　多摩の部』の作成（1988〜96年度）
⑩ 『多摩地域郷土資料・地域資料業務実態調査報告書』の作成（1995年度）
⑪ 『地域資料入門』 の作成（1997年度〜98年度）
⑫ 「地域資料に関する新聞記事アンケート調査」（2002年度）
⑬ 「三多摩市町村立図書館住宅地図所蔵目録一覧」（2003年度）
⑭ 『多摩地区公立図書館地域資料業務実態調査報告書』の作成（2005年度）
⑮ 『多摩地区公立図書館地域資料業務実態調査報告書』の作成（2015年度）

①は，1977年度に郷土資料関係の団体について調べたものである。これは講師を頼むための都合もあり，多摩地域の団体が出している資料の目録を手書きで作成した。③は，多摩地域の図書館がどのような仕事に取り組んでいるのか，その実態を知るために作成した。定例会に参加できない人たちのためにもマニュアルをまとめておくことは大事である。これ

が原点になって，1986 年には⑦『多摩地域郷土資料業務実態調査報告書』の最初の版ができた。

　次に，⑧の会報は 1985〜95 年までの 10 年間発行した。これはマニュアルだけでは理解できないことも多く，定例会で話された要点だけでも知りたいという要望があったことから，それに応えるために発行することになった。日常業務の傍ら幹事が持ち回りで分担してテープ起こしをし，ワープロを打つという大変手間のかかるものであった。

(5)　全国図書館大会の運営

　1988 年の全国図書館大会多摩大会で，その第 13 分科会を担当したのが三郷研であった。1975 年以来開かれていなかった郷土資料分科会が開催されたのは，三郷研が活発に活動していて実績を上げていると評価されたからである。この大会のために『多摩地区図書館活動の実践の中から』[36] が刊行され，「三多摩郷土資料研究会 13 年のあゆみ」という記録を掲載した。

　この分科会のテーマは類縁機関との連携であった。全国から 100 人以上の参加者があり，前回までの大会を経験され，『図書館と郷土資料』（桂書房，1991）の著者である広瀬誠も参加した。彼が質疑応答の最後の方に手を挙げ，「質問じゃないですけど」と断ったうえで，自分がライフワークとしてかかわってきたこの郷土資料の大会を 10 年ぶりに開催したことに謝意を表明された。そして，三郷研の活動に祝辞を述べられたことが鮮明に記憶に残っている。

(6) 事務局体制

　三多摩地域資料研究会は 1975 年以来 40 年以上続いている。その事務局は次のような体制で継続してきた。

① 1975〜1978 年度　　日野市
② 1979〜1981 年度　　府中市
③ 1982〜1993 年度　　小平市
④ 1994〜1995 年度　　昭島市
⑤ 1996〜1997 年度　　町田市
⑥ 1998〜1999 年度　　小平市
⑦ 2000〜2001 年度　　あきる野市
⑧ 2002〜2003 年度　　町田市
⑨ 2004〜2005 年度　　国立市
　　　　　　　⋮
⑩ 2014〜2015 年度　　立川市
⑪ 2016〜2017 年度　　府中市
⑫ 2018〜2019 年度　　小平市
⑬ 2020〜2021 年度　　青梅市
⑭ 2022 年度〜　　　　稲城市

　これを見てもわかるように，3 回目までは事務局があまり変わらずに継続している。当初はどこで事務局を担当するかを先に決めて，事務局の館長が会長を引き受けるというルールだった。このような体制が維持できたからこそ会の基盤整備ができて，長年続けられたのである。しかも，その後の展開を見てもわかるように，継続的に事務局が維持できなくなった後も，2 年単位で事務局を交代して今に続いているのである。

3章 地域資料の調査

　地域資料サービスについて説明する前に，地域資料業務の実態を把握しておきたい。そのために，三多摩地域資料研究会（三資研）の調査および国立国会図書館（NDL）と全国公共図書館協議会（全公図）の全国調査について述べる。

3.1 三多摩地域資料実態調査

　前章で述べたように，三資研では1986年度以降10年ごとに地域資料業務の実態調査を実施している。このことによって地域資料の動向がつかめるので，同じ項目立てで調査している最新の2015年度を基準に，2005年度と1995年度を遡って比較する。また，比較可能な項目については1986年度を加えることにする。

　なお，各年度の調査対象図書館の総数は，2015年度と2005年度が30，1995年度が32，1986年度が31である。また，数値の表記は数詞を省略して数字のみの表記とする。

(1) 概要
① コレクション名
　コレクション名としてどのような名称を用いているかを調べる。具体的な名称として使われているのは，地域資料，地

域・行政資料，郷土資料，郷土・行政資料，行政・郷土資料等である。地域資料および地域・行政資料は地域資料として，郷土資料および郷土・行政資料等は郷土資料として，それ以外はその他として整理すると表3-1のようになる。

【表3-1】　コレクションの名称

コレクション名	2015 年度	2005 年度	1995 年度
地域資料	19	16	11
郷土資料	9	12	19
その他	2	2	2

　1995 年度までは郷土資料が多いが，2005 年度には地域資料を使うところが多くなり，逆転している。このことから，三資研の会の名称を郷土資料から地域資料に変えた 2000 年度以降に，各館のコレクションの名称も地域資料に変更していることが明らかである。

　②　担当者の雇用形態
　担当者であるが，1986 年度は雇用形態の調査をしていない。図書館業務全般の兼任と担当者なしを担当者なしと見なして一覧表にすると表3-2のようになる。

【表3-2】　担当者の雇用形態

	2015 年度	2005 年度	1995 年度	1986 年度
担当者なし	9	8	7	6
専任職員	6	5	6	－
兼任職員	21	22	21	－
嘱託職員	23	16	6	－
臨時職員	5	3	－	－
派遣職員	3	－	－	－

担当者なしのところが 2015 年度に 9 で，全体のほぼ 3 分の 1 になる。1985 年度の 6 から 10 年ごとに担当者のいない市町村が一つずつ増えている。専任の担当者を配置しているところは 2015 年度と 1995 年度に 6，2005 年度に 5 で全体の 20％程度でありほぼ一定している。

しかし，嘱託職員の配置を見ると，1995 年度に 6 だったものが 2015 年度に 23 に増えている。担当者の専任・兼任の数には変動が見られないので，嘱託職員は補佐的な業務を担っていると思われるが，嘱託職員の数が増加の一途をたどっている。また，2015 年度には派遣職員が担当するところが見られる。

この表にはないが，専任を複数配置しているのは 5 市で，多摩市・八王子市が 5 人，西東京市が 4 人，日野市が 3 人，立川市が 2 人である。

③　蔵書数

蔵書数は資料の種類別に統計をとっているが，図書に含まれるものとそれ以外を区分していないところや数値を記入していない種別も多い。このことから，図書の統計のみを調べて表 3-3 のような一覧表を作成した。

2015 年度には 8 万冊を超えるところが 2，5 万冊を超えるところが 6，1 万冊以下のところが 6 である。1 万冊を超えるところを見てみると，1986 年度には 1 だったものが，1995 年度には 3 に，2005 年度には 8 に，2015 年度には 11 になっている。また，多摩地域全体での蔵書総数は 2015 年度に 87 万冊を超え，1986 年度と比較すると 73 万冊・613％の伸びを示している。平均蔵書冊数を見ても 2015 年度は 2 万 9 千冊，

蔵書冊数（冊）	2015年度	2005年度	1995年度	1986年度
～80000	2	0	0	0
～50000	6	4	0	0
～30000	3	4	3	1
～10000	13	11	12	4
～5000	1	4	5	4
5000未満	5	6	10	11
総数	874,858	667,163	383,016	142,513
平均	29,162	23,006	12,767	7,126

1986年度は7千冊なので409％の伸びとなっている。

　一般の蔵書数は書庫の限界もあってこのような極端な伸びは見られないが，基本的に廃棄しない地域資料は残すべき優先順位が高く，増加の一途をたどっていることがわかる。

　また，2015年度に5万冊を超えているのは，西東京・府中・調布・小平・八王子・町田・日野・立川の8市で，図書館の施設規模・職員体制のいずれも整っているところである。しかし，その他の課題にもあるように，一部の図書館を除いて書庫スペースが不足しているところが増えている。今後の展開によっては蔵書冊数が頭打ちとなり，除籍・廃棄の問題に迫られるところが増えていきそうである。

(2)　収集

　①　収集方針・選択基準

　収集方針・選択基準の調査結果は表3-4のとおりである。

2005年度までの調査は，収集方針・選択基準が明文化されているかどうかの調査であるが，2015年度はそれをどのように公開しているかを聞いている。この表から明らかなように，慣習的方針および方針をもたずに運営しているところは年々減少傾向にある。1986年度調査では，「文書を作成している」，「慣習的方針」，「なし」がほぼ同数であったものが，2015年度には慣習的方針が5，なしが3となっている。それに対しインターネットおよび文書で収集方針を公開しているところが22となり，73％が公開に踏み切っている。

【表3-4】　収集方針・選択基準

公開方法	2015年度	2005年度	1995年度	1986年度
インターネット	15	－	－	－
文書	7	18	14	9
慣習的方針	5	4	7	11
なし	3	8	11	10

　これは，「図書館の設置及び運営上の望ましい基準」に示された図書館運営方針の公表に沿って，地域資料にもコンプライアンスが求められ，それに対応した結果とみることができる。また，全公図の全国調査で収集方針・選択基準を公開している市区町村立図書館は27.3％であることと比較しても格段に高く，インターネットでの公開が50％に達していることは，全国的に見ても多摩地域の対応の速さが認められる。

② 納本規定
　これは，行政資料の取扱規程や要綱等に図書館への納本に

ついて規定されているかどうかの調査であるが，2015 年度 6，2005 年度 5，1995 年度 5 とほとんど変化が見られない。しかし，納本条例がないところで大部分が納本されているのは，2015 年度に 5，2005 年度に 3，1995 年度に 4 となっている。大半はある程度の納本で 2015 年度に 17，2005 年度に 18，1995 年度に 14 である。

　納本規定がないところに日野市が入っているが，納本制度があるからといって確実に納本率が担保できるとは限らない。行政資料を収集するためには，第 4 章で述べるように日野市の市政図書室のような積極的なサービスの展開と地道な収集活動が必要である。

(3)　整理

　整理の調査の中で特徴的なのが図書・雑誌以外の特別コレクションである。そこで，特別コレクションの収集とマニュアルの有無について一覧表を作成すると，表 3-5 のようになる。

　ただし，1986 年度はマニュアルの調査をしていない。

　全体的に資料の種類では新聞切り抜き・地図・小冊子類の収集率が高く，古文書を収集しているところは少ない。2015 年度の調査では新聞切り抜き・地図・小冊子類の収集率が 93％に達している。このほかにマイクロ等が高くなっているが，これは時代の要請に応じたデジタルアーカイブの取り組みと関連するもので，単にマイクロ資料を収集するようになったわけではない。また，新聞切り抜きと古文書以外は未整理が多く，資料が組織化されているとはいえず数値が示されているものが少ない。

マニュアルも同じで，新聞切り抜きは作成されているものの，その他は整備されていない実情がうかがえる。また，1995年度の調査時点で新聞切り抜き以外のマニュアルが作成されているのは小平市1市のみである。

【表3-5】　コレクション収集とマニュアルの有無

年度／種類	2015年度		2005年度	
	収集	マニュアル	収集	マニュアル
新聞切抜き	28	18	18	16
地図	28	4	18	2
小冊子類	28	6	18	6
折込広告	12	6	5	5
ポスター	14	3	2	2
写真	14	2	8	2
マイクロ等	20	4	9	3
古文書	5	1	4	2

年度／種類	1995年度		1986年度	
	収集	マニュアル	収集	マニュアル
新聞切抜き	23	14	23	－
地図	25	1	10	－
小冊子類	23	1	13	－
折込広告	9	－	6	－
ポスター	11	1	4	－
写真	6	－	5	－
マイクロ等	6	－	2	－
古文書	4	1	2	－

（4） 提供

　提供の項目の中では PR について見てみたい。地域資料サービスについて知ってもらうためにどのような方法をとっているかを調べると，表3-6のとおりである。

【表3-6】　PRの方法

PR の内容	2015 年度	2005 年度	1995 年度
機関紙	2	2	2
市町村報	7	11	8
図書館報	16	12	13
専用パンフレット	5	4	1
図書館パンフレット	10	14	13
展示会等	11	7	3
ホームページ	24	14	－
PR なし	5	9	9

　地域資料の PR 方法として活用されている主なものは市町村報，図書館報，図書館パンフレットであるが，2015 年度で目立つのがホームページである。ホームページでの広報にはセンスや技術力が必要で，その差が顕著に現れる。しかし，センスや技術力を磨くよりも担当者が必要なときにタイムリーに記事を掲載できるメリットは大きく，意欲的な取り組みが期待される。

　また，この表で明確な変化がみられるのが展示会等である。2015 年度に 11，2005 年度に 7，1995 年度に 3 という調査結果からみると展示等の企画が着実に増えている。これは，地域資料だからこそ稀少価値のある資料を所有し，PR にも多様性が求められて，博物館的な展示の手法が採用される傾向が強いと考えられる。

(5)　保存対策

①　保存方針・基準

　保存方針・基準があるところは，2015年度に19，2005年度に9，1995年度に1である。2015年度には63％の市町村が保存方針・基準を持っている。また，1995年度には小平市1市しかなかったものが20年で19倍に増えたのは，三資研の研修の成果といえる。

　また，全公図の全国調査で保存方針や基準がない市区町村立図書館が53.6％であることと比較しても高い数値を示していることは，多摩地域の資料保存に対する意識の高さを物語っている。

②　保存対策

　保存対策として最も顕著なのは保存箱・袋等を利用しているで，2015年度に15，2005年度に11，1995年度に5である。この結果，2015年度には50％の市町村で最も基礎的な保存対策である容器に入れることが実践されている。

　全公図の全国調査で容器に入れる対策をしている市区町村立図書館が20.4％であることと比較すると2倍以上の開きがあり，多摩地域は資料保存先進地域であるといえる。これは，保存方針・基準とも相まって2005年度以降に顕著な伸びを示していることから，『地域資料入門』で利用のための資料保存を解説した成果でもあると思われる。

(6)　デジタル化

　デジタル化についての質問項目を設定したのは，2005年度以降である。どのような資料をデジタル化しているのか調べ

てみると，表3-7のようになる。

　ただし，2015年度と2005年度の設問の方法が異なり結果に一部ズレが生じている。

【表3-7】　デジタル化している資料

年度 / 対象資料	2015年度		
	業務用	館内閲覧	公開
レファレンス事例	9	1	8
新聞記事全文	5	3	1
新聞記事索引	11	2	7
写真	3	0	4
古文書	2	0	2
ポスター	1	1	1
目録・索引	1	0	5
パスファインダー	2	0	6
子ども向け資料	1	0	7

年度 / 対象資料	2005年度		
	実施	館内閲覧	公開
レファレンス事例	7	0	1
新聞記事全文	9	7	0
新聞記事索引	15	6	2
写真	3	0	0
古文書	1	1	0
ポスター	−	−	−
目録・索引	−	−	−
パスファインダー	−	−	−
子ども向け資料	−	−	−

　インターネットで公開されている件数を見ると2015年度

の 41 に対し，2005 年度には 3 で 13.6 倍に増えている。また，2005 年度にはデジタル化した資料は館内閲覧が主流だったものが，2015 年度には一部の資料に限定されている。時代の要請とコンピュータ環境の変化に伴い，この分野の発展は目覚ましい。

(7)　その他

　その他の調査では，庁内支援・職員研修・課題について見てみたい。

①　庁内支援

　庁内支援に取り組んでいるのは，2015 年度に 27，2005 年度に 17 である。2015 年度には，取り組んでいないところが 3 で全体の 10％にすぎない。これは，インターネットの普及によって情報検索機能が格段に高まっているものの，簡単には調べきれず図書館に調査を手伝ってほしいという傾向の表れと見ることができる。図書館には，商用データベースの導入，レファレンス事例の蓄積，主題検索技術の高さ等の優位性があり，期待が寄せられているものと考えられる。

②　職員研修

　職員研修をしているところを見ると，2015 年度に 13，2005 年度に 15，1995 年度に 8 である。2005 年度から 2015 年度にかけてわずかに減少傾向がみられる。この問題を含めて現状を分析するために，課題に寄せられた調査結果と，2018 年度に実施した三資研第 1 回定例会参加者の「地域資料を担当してからの年数」のアンケート結果を見てみたい。

③ 課題

2015年度の調査には地域資料に関する課題の項目がある。この結果を多い順に示すと次のようになる。

・書架スペースの不足　21
・中長期の計画が不十分　12
・デジタル化のノウハウ不足　11
・PR不足　11
・資料活用のノウハウ不足　10
・担当・専任職員不足　10
・担当・専任職員の研修が不十分　10
・基準・方針が不十分　10

また、2018年度に実施した三資研第1回定例会参加者の「地域資料を担当してからの年数」のアンケート結果は次のとおりである。

・1年未満　8
・1〜5年　10
・6〜10年　4
・11年以上　3
・担当ではない　4

このことから次のように分析することができる。図書館の現状を見ると、職員定数が減り、再任用職員や嘱託職員が増え、業務委託や指定管理による運営が進んでいる。また、開館日数と開館時間が増え、法令改正やインターネットの普及によって取り組むべき課題や事務量が増えている。

このような現実の中で地域資料担当者の経験年数は、5年未満が72%を占めている。この大半が兼任職員で、さまざまな業務を担いながら地域資料を担当しているのである。研修

の必要性を感じつつも，職場での職員研修の機会は少なくなり，研修成果を十分に伝えられなくなっている。また，デジタル化や基準・方針および中長期の計画の整備が不十分であることを認識しているが，思うようには進まない。それに加えて最も深刻なのが書架スペースの不足である。地域資料は基本的に永久保存としているものの，現実との狭間で資料の選別を迫られている。

　しかし，現実を嘆いていても始まらない。担当したからには事務をこなさなければならないわけで，その手がかりや方法を模索するためにも地域資料に関する研鑽が欠かせないといえる。

3.2 NDL の地域資料全国調査

　次に NDL が行った全国調査について，『地域資料に関する調査研究報告書』[39] を基に目的とその概要を説明したい。

(1) 調査の目的
　本調査の目的は次のとおりである。
① 地域における公立図書館の役割を再度見直すための議論の材料の提供
② 地域内資料・情報にかかわる関係機関との共同の明確化
③ 地域－都道府県－国の多層レベルの書誌的機能の確認

(2) 調査の時期と方法
　2006 年 11 月 14 日〜11 月 30 日の期間に，質問紙調査を実施した。

(3) 調査内容

調査内容は次の 8 分類，34 項目である。

① 概要　コレクションの名称，施設，カウンター，担当者，地区館の施設，予算

② コレクション　種類と所蔵数，収集方針・選書基準，収集範囲，行政資料の収集，納本制度，自治体内の資料収集，新聞の地域版の保存

③ 資料整理　分類，書誌データの作成者，データ入力の種類と方法，検索，件名

④ 利用　レファレンス件数，貸出方針，PR の方法，事業，外部機関からの協力依頼

⑤ 資料保存対策　保存方針，保存対策

⑥ 出版・コンテンツ電子化　ホームページのコーナー，各種ツール・デジタルコンテンツの作成

⑦ その他　類縁機関の有無と協力関係，市町村合併による変化

⑧ 課題・計画　地域資料の位置づけ，解決すべき課題，意見・今後の計画

(4) 調査報告書

① 収集方針・選書基準

収集方針・選書基準は，明文化したものがあるのが 54.7％で，そのうち 24.5％が公開されている。明文化されていないが慣習的な収集方針があるのが 20％，特に収集方針は定めていないのが 21.6％となっている。

館種別に見ると，公開には差があるものの明文化したものがあるのが都道府県立で 92.1％，政令市立で 93.3％，市立（人

口15万以上）で67.5％，市立（15万未満）で44.1％，特別区立で100％，町村立で24.2％となっている。慣習的な収集方針と定めていないのが都道府県立で3.9％，政令市立で6.7％，市立（15万以上）で23.9％，市立（15万未満）で55.2％，特別区立で0％，町村立で69.7％となっている。

② 印刷資料の収集状況

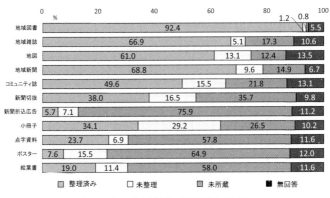

【図3-1】 印刷資料の収集状況（全体）

地域図書は92.4％が整理済みで，未所蔵は0.8％となっている。内訳は市立（15万未満）で1館，町村で3館である。

地域雑誌・地図・地域新聞は整理済みがいずれも60％を超え，コミュニティ誌は50％弱である。

新聞切り抜きと小冊子は整理済みが30％台なのに対し，未整理は新聞切り抜きが16.5％，小冊子が29.2％で，所蔵の合計では新聞切り抜きが54.5％，小冊子が63.3％となっている。

新聞折込広告・点字資料・ポスター・絵葉書は未所蔵が50％

を超え，新聞折込広告とポスターは整理済みが10%未満で，未所蔵が新聞折込広告は75.9%，ポスターは64.9%である。

③　現物資料の整理状況

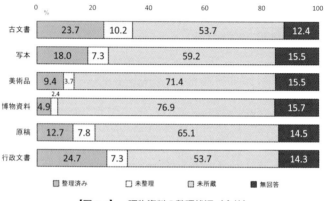

【図3-2】　現物資料の整理状況（全体）

　現物資料は，すべてが未所蔵率50%以上である。その中では古文書・古記録の所蔵が33.9%で最も多く，行政文書（公文書）が32%，写本・古刊本25.3%，原稿・書簡・日記20.5%，美術品13.1%，博物資料7.3%となっている。

　所蔵しているもののうち整理済みが20%を超えているのは，古文書と行政文書となっている。館種別に見ると古文書・古記録や写本・古刊本は都道府県立と政令市立の50%以上で整理済みとなっているが，市立（15万以上）と特別区立では20%台となっている。

④　地域図書の所蔵状況

　所蔵数が報告された図書館のうち，1,000 点未満が約 10％，3,000 点までが 15％，10,000 点までが約 32％，30,000 点までが約 25％，それ以上が約 20％となっていて，図書館によって所蔵点数にかなりの相違がある。

　図書館の種類別にみると都道府県立，政令市立の場合は，30,000 点以上が 80％を超すなど規模が大きい。これに対して，町村は 3,000 点未満が，15 万人未満の市は 10,000 点未満が大多数を占めるように，所蔵数には限りがある。

⑤　行政資料の収集対象

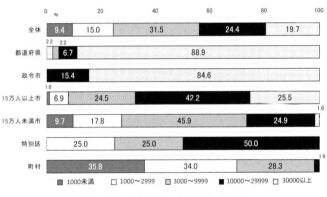

【図3-3】　行政資料の収集対象（全体）

　積極的な収集と回答したものが 60％を超えているのは，例規集，公報，広報誌・市勢概要・事業概要，行政報告・年報・統計書，議会議事録，自治体史で，収集対象としていないとしたのが 25％を超えているのは，議案書と監査資料である。

地域資料に関する2度目の全国調査が全公図によって実施され，2018年に『公立図書館における地域資料サービスに関する実態調査報告書』[40]が刊行されている。その目的および概要は次のとおりである。

(1) 調査の目的

NDLの調査から10年が経過している。この間に生じた変化や新たな取り組み等について実態を把握するとともに，現状を分析し，課題等を整理することにより，今後の公立図書館における地域資料サービスの一層の進展に資することを目的としている。

(2) 調査の時期と方法

2016年4月1日現在の状況と実績について質問紙調査で実施した。

(3) 調査の内容

(1)図書館概要・地域資料サービス概要，(2)収集・整理・保存，(3)利用・提供，(4)デジタル化，(5)電子行政資料，(6)連携・協働の実施状況等を調査した。

(4) 調査報告書の内容とNDL調査との比較

① 収集方針・選書基準

収集方針は，明文化したものがあるのが62.6%で，そのうち28.8%が公開されている。NDL調査と比べて総数で7.9

ポイント，公開数で 4.3 ポイント上回っている。

　館種別に見ると，明文化したものがあるのが都道府県では 100％，政令市立で 95.0％，市立（15 万以上）で 88.8％，市立（15 万未満）で 67.1％，特別区立で 86.9％，町村立で 42.4％となっている。NDL 調査と比べて都道府県で 100％になったのに対し特別区立で 10 ポイント以上の低下が見られる。市立では 20 ポイント以上の伸びを示し，町村立でも 18 ポイント近く伸びている。

②　印刷資料の収集状況

　都道府県では図書・雑誌・新聞・地図は全館で収集対象としているが，小冊子で 6.4％，ポスターで 46.8％，絵葉書で 25.5％が収集対象としていない。市区町村では図書は全館で収集対象としているが，その他の資料のうち雑誌・新聞・地図・小冊子は 15％前後，ポスター・絵葉書は 60％以上が収集対象としていない。

　データ登録率をみると，都道府県では図書・雑誌の未登録はなく，新聞・ポスターは 30％以上，小冊子・絵葉書は 10％以上が未登録である。市区町村では図書でも 2.2％が未登録で，新聞・ポスター・絵葉書の 60％以上，小冊子の 44.7％，地図の 38.6％が未登録である。

　NDL 調査とは調査項目や分析の方法が違うので比較できないが，新聞・雑誌以外の資料のデータ入力が進んでいない状況は変わっていない。

③　現物資料の収集状況

　都道府県で収集率の高い現物資料は，古文書・古記録，写

本・古刊本，写真で50％を超えている。原稿・書簡・日記は49％，行政文書は40.4％，美術品・博物資料は21.3％の館が収集している。市区町村では行政文書が51.8％で，その他はいずれの資料も50％を下回っているが，美術品・博物資料を除く資料は35％を超えている。

　NDL調査と比べると美術品・博物資料が少ない傾向は同じであるが，特に市区町村で行政文書が収集される傾向が強まっている。

④　行政資料の収集対象

　都道府県では，積極的に収集している資料として自治体史の95.7％を筆頭に例規集，公報，広報紙・誌，県（市）勢概要・事業概要，行政報告・年報・統計書，議会議事録が80％を超えている。市区町村では自治体史の71.6％を筆頭に広報紙・誌，県（市）勢概要・事業概要，行政報告・年報・統計書，議会議事録が50％を超えているが，監査資料は46.8％，議案書は39.3％が収集対象としていない。

　NDL調査と比べて積極的に収集しているものが，例規集，公報，広報誌・市勢概要・事業概要，行政報告・年報・統計書，議会議事録，自治体史で，収集対象としていない率が高いのが議案書と監査資料であることに変わりがない。

3.4　全公図の調査に関する分析

　前節で述べた全公図の全国調査のまとめとして『公立図書館における地域資料サービスに関する報告書』[3)]に，根本彰は次のように分析している。この分析結果を見ることによって，

全国の図書館における地域資料サービスの現状を把握することができ，大変有益である。

（1）　地域資料サービスの実施状況

　地域資料のサービスはほとんどの図書館で行っているが，46（3.5%）の市区町村では実施していない。

　サービスの名称としては，「郷土資料サービス」が60%前後と過半数を占め，「地域資料サービス」は17%程度だった。

（2）　サービスの実施体制

　都道府県だと専任職員が配置されているところが32館の68%であり，複数人が配置されているところが多い。市区町村だと専任職員がいるところが94で全体の7%にすぎない。これも比較的規模の大きな市に限られ，ほとんどの自治体は兼任職員あるいは非常勤・嘱託職員，委託職員・派遣（指定管理を含む）で対応している。

　地域資料の施設としては，独立した部屋があるのは都道府県で34%，市区町村で20%だった。多くはフロアの一画に専用のコーナーがあるというものである。

（3）　資料収集

　地域資料コレクションはきわめて多様な資料から成り立つ。図書，雑誌，新聞，地図は多くの図書館が積極的に収集している。小冊子，映像資料，音声資料になるとそれほどでもなくなり，ポスター，絵葉書，写真，美術品・博物資料になると収集対象としていないとする図書館が多い。マイクロ資料，電子資料，古文書，写本・古刊本，原稿・書簡・日記は，都

道府県，政令指定都市はそれなりに積極的に収集している。

　自治体が発行する資料の収集は，市町村だと，例規集，広報紙・誌，県（市）勢概要，行政報告・年報・統計書，議会議事録，調査報告，自治体史は積極的な収集対象としているところが50％から70％となる。例規集，公報，議案書，予算・決算書，監査資料については積極的な収集対象にしているところは，10％未満と低くなり，収集対象としていないとするところが30％以上と高くなる。

（4）　資料の整理・組織化

　地域資料は市販 MARC に登録がない場合が多く，オリジナルなデータ作成の必要がある。そのため，データ登録をする資料を図書，雑誌，地図，映像資料，音声資料に限定している市区町村が多い。

　地理区分を行っているところは都道府県で87％，市区町村だと35％である。当該地域に関する独自分類があるところは都道府県で62％，市区町村で26％である。

（5）　地域資料の利用・提供

　パスファインダーやパンフレットの作成，ウェブサイトにおける地域情報の提供は，市区町村では「特にしていない」が52％という具合にあまり手が回っていない。

　地域資料にかかわるイベント事業については，「特にしていない」市区町村も36.5％あったが，所蔵資料の展示，地域をテーマにした展示，地域関係作家の作品等の展示，地域をテーマにした講演会などはそれぞれ20％以上の実施率となった。具体的には，きわめて多様な事業が報告されている。

(6) 資料のデジタル化

 デジタル化を行ったことのある都道府県立図書館は62%
で，行ったことがない自治体は2団体のみだった。対して，
市区町村の場合は，行っている自治体は11%で行ったことが
ないところが76%であった。

(7) 電子行政資料に対する取り組み

 所属する自治体が公式ウェブサイト上で提供・公開する地
域行政情報を図書館でどのように収集・保存・提供している
かについて調査した。電子行政資料の収集については，都道
府県立図書館では57%の図書館が行っていたが，市区町村で
は全体の9%にすぎなかった。

 電子行政情報の保存や提供については，紙媒体に印刷して
保存し，それをOPACに登録して紙媒体で提供する方法が最
も多くなっている。

3.5 | 全公図の調査に見る地域資料サービスの現状と課題

 この分析に続き，根本彰は「地域資料サービスの現状と課
題」[3)]について論じている。これは本書を執筆するうえで欠
かせない重要な課題であり，方向性を示すものであることか
ら，その要点を紹介する。

(1) 図書館における地域資料サービスの現状

 職員については，都道府県立や一部の市立・町立を中心に
して専任職員が配置されていることがわかったが，多くは兼
任職員で対応している。地域資料はレファレンスサービスや

課題解決支援サービスと密接な関係があり，ネットを利用したサービスを実施するためにも職員体制をしっかりつくる必要がある。さらに，サービスを実施するためには，地域行政や地域の事情，歴史などに通じている必要があるから，時間をかけた職員の育成や研修体制の整備，ノウハウの継承を行うことが望まれる。

しかし，地域をベースにした本格的な図書館サービスを提供しようとすれば，以前よりも全体としてサービスの種類が増えているうえにデジタル化やネットワーク対応も含めて，サービス手法が高度になっているから，市区町村の図書館では，なかなか手がまわらないことが多い。

そうしたサービスに踏み切れていなかった図書館にとっての地域資料サービスの課題は，一定期間，固定した地域資料担当者を決めてその専門的な任務を明らかにし，ここにあげた地域資料の発展的サービスを実施するための計画をつくって実施することである。

(2) デジタルネットワークの活用

多くの利用者はスマートフォンやタブレット，PC をもち，ネットワークに接続して情報を入手している現在，地域資料サービスもそれに対応する必要がある。その方法としてWebOPAC で地域資料のみを特定化して検索可能にすること。また，図書館が作成する，レファレンス事例集やパスファインダー，地域書誌，記事索引，子ども向けの地域資料などのデジタル化も重要である。

（3）　行政機関との連携

　地方行政資料の収集と提供は図書館サービスの基本の一つである。これを実行するためには，納本制度をつくることが最も効果的である。しかし納本制度をつくるためには，行政の各部門と密接な関係をつくることが大事であり，そのためには，庁内の広報体制，文書管理体制，情報システム，情報公開制度を把握し，関係部門に働きかけて資料の発行とともに必ず複数部数を図書館に送付するように依頼することが必要である。

（4）　地域機関との連携

　地域で発生する資料を収集するのは当然である。それらをどのように把握し，どのような種類の資料をどのように集めるのかの方針を明確にしておく。また，それらは図書館にとっては地域資料サービスの対象にもなる。

（5）　市民・ボランティアとの協働

　地域資料サービスは歴史や文学などに限定されない，今地域で起こっていることすべてが対象になる。図書館員はその意味では地域で生じる事象についてはキュレータとして振る舞い，個々の専門領域については地域の専門機関や在住の専門家と積極的に関係をつくり，それらの人たちの知恵を地域資料サービスに活かすべきだろう。

　図書館が資料や情報を収集し組織化する仕組みをもつものであれば，市民を巻き込んでブログ，ウェブサイト，SNSを使いながら新しいサービスをつくりだすことも可能であろう。

(6) 地域資料サービスの研究と研修

　地域資料を担当するノウハウは地域や地方行政の事情，歴史などにある程度通じた専門知識と古文書等も含めたきわめて多様な資料を扱うスキルが要求される。それに加えて，メディアが変化し，地域自体が新しい課題をもち，図書館としてそれらを踏まえた新しい地域資料サービスについて対応するためのノウハウも必要となる。

　また，地域資料を取り扱う際のガイドラインやマニュアル，地域資料サービスのための職員研修が必要である。

4章 行政の組織と行政資料

　第1章の「地域資料サービスの意義」で触れたように，「図書館法」や「図書館の設置及び運営上の望ましい基準」に図書館が収集すべき資料として郷土資料と地方行政資料が併記されている。また，第2章の「地域資料の歴史的位置づけ」でも地方行政資料は重要な位置を占めている。これらのことからも地域資料について説明するうえで行政資料は欠かせないといえる。

4.1 行政資料の定義

（1）行政資料の定義

　『図書館ハンドブック　第5版』[29)] に行政資料の定義として次の4項目をあげている。

① 政府機関，いわゆる国の行政，司法，立法機関及び政府関係機関，さらにそれらの類縁諸機関が作成した資料。国立国会図書館法においては，国の諸機関によりまたは国の諸機関のために刊行される出版物（第24条第1項）と規定している。
② 都道府県，市町村等の地方自治体及びその類縁諸機関が作成した資料。

③　国や地方自治体が責任を持ち民間機関が刊行した資料。
④　国連，ユネスコ，OECD，FAO などの国際機関の資料。

　『図書館情報学用語辞典　第 4 版』（丸善，2013）には，次の
ように記されている。

　　政府機関や地方自治体およびその類縁機関，国際機関が
　刊行した資料。各機関の資料に基づいて作成された民間の
　出版物を含めることもある。一般に行政資料という捉え方
　は，公共図書館が当該自治体の資料を収集，提供，保存す
　るときに用いられる。独立したコレクションである場合と
　郷土資料の一部となる場合とがある。

　これらをまとめて，本書では次のように定義する。
　「行政資料とは，国の行政・司法・立法機関および政府関
係機関，都道府県，市町村等の地方自治体が作成した資料お
よびその類縁機関が作成した資料である。」

(2)　地方行政資料
　以上の定義に照らし，公立図書館が地域資料として収集す
べき行政資料は，国および政府関係機関を除いた，「都道府県，
市町村等の地方自治体が作成した資料およびその類縁機関が
作成した資料」といえる。これが，「図書館法」や「図書館の
設置及び運営上の望ましい基準」に規定されている地方行政
資料である。

（3） 灰色文献

　行政資料の中には，一般に公開されているもののほかに「灰色文献」と呼ばれる資料群がある。これらの資料について，『最新図書館用語大辞典』（柏書房，2004）では，「流通経路が不明確で，通常の出版物のルートにのらず，入手が難しい資料の総称」と記し，「情報公開の原則から考えると図書館が提供することの意義は大きい」としている[85]。

　しかし，行政資料の中には「秘密文書」と呼ばれ，条例や規定で秘密として取り扱うものと定められ，特定の目的で特定の範囲にしか配布されない資料が存在する。これらの資料が発行時に図書館に送付されることはないが，廃棄された行政資料等に紛れて搬入されて判断がつかない場合は，原課に照会したり公文書担当に相談したりするなどの配慮が必要である。

　また，現在はオープンデータの動きが盛んになっており，インターネット上に行政資料や統計データが公開され，自由に使えるようになっている。

　総務省のホームページの定義によると，オープンデータとは，「国，地方公共団体及び事業者が保有する官民データのうち，国民誰もがインターネット等を通じて容易に利用（加工，編集，再配布等）できるよう，次のいずれの項目にも該当する形で公開されたデータをオープンデータと定義する」として次の3項目を掲げている。

・営利目的，非営利目的を問わず二次利用可能なルールが適用されたもの
・機械判読に適したもの
・無償で利用できるもの

小平市におけるオープンデータの取り組みはまだ緒に就いたばかりで，次のような状況である。

　小平市は，自治体にとって共通する課題に対して，広域にまたがって取組む必要があるとして，国分寺市と連携して，オープンデータの取組みを始めました。子育てに関する環境は，保護者を始め家庭や地域のニーズが多様化しています。この課題は両市に共通する課題であり，比較的若い世代へのサービス利用が見込まれることから，国分寺市と行政データを共有，利活用するため，子育て支援に関するデータを試行的に公開します。（小平市「オープンデータの試行公開について」2018.3）

その後，小平市オープンデータ利用規約のほかに8件のデータを掲載している。

4.2 行政の組織

行政資料を収集するためには，組織を知る必要がある。都道府県および市町村等の行政組織は，基本的に次のように構成されている。

（1）　行政の組織構成
① 　議会
② 　首長部局
③ 　教育委員会
④ 　行政委員会の組織

【都道府県・市町村共通の組織】
①　教育委員会（地方教育行政の組織及び運営に関する法律）
②　選挙管理委員会
③　人事委員会または公平委員会（地方公務員法）
④　監査委員

【都道府県のみの組織】
①　公安委員会（警察法）
②　地方労働委員会（労働組合法）
③　収用委員会（土地収用法）
④　海区漁業調整委員会（漁業法）
⑤　内水面漁場管理委員会（同上）

【市町村のみの組織】
①　農業委員会（農業委員会等に関する法律）
②　固定資産評価審査委員会（地方税法）

　これらの行政組織の下に局・部・課・係といった行政事務
を執行するための組織体制が敷かれ，行政資料は主に課以上
の組織で作成・刊行される。これらの組織は規模の変化や時
代の要請によって分離・統廃合および名称変更が行われる。
このことから，同じ行政資料がタイトルを変えたり，著者名
や発行者名を変えたりすることがある。
　行政資料は年刊の逐次刊行物として継続的に発行されてい
るものが多いことから，毎年欠かさず収集する必要がある。
そのためにも，地域資料担当者は特に当該自治体の組織改正
には注意を払わなければならない。

(2)　当該自治体の組織
　当該自治体の組織を知るための資料としては，毎年組織図

が印刷物として作成され図書館にも配布されるので，それを入手することが望ましい。それが手に入らなくとも，組織図を知るための資料はいくつか存在する。住民の転入時に配布している『便利帳』やホームページの「行政組織図」などが主な情報源になる。

2022年4月現在の小平市の組織を見ると，11部3委員会，46課12担当が存在する。小平市の行政資料は主にこれらの部課72の組織で作成され，出されることになる。小平市立図書館の人名典拠ファイル（2022年10月現在）を検索してみると，内部事務を所管する契約検査課・会計課の2課と一部の担当は存在しない。しかし，その他の組織の人名典拠ファイルがあり，部課名のない小平市は698件，小平市教育委員会は441件の書誌が確認できる。

4.3 行政計画と図書館

行政事務は計画的に執行される。政策目標および主要事業としてどのようなことが計画され予定されているかを知ることは，職員だけでなく，住民にとっても大きな関心事である。それらの主要なものとして，次に行政計画および図書館に関する行政資料について概説する。

（1） 長期総合計画
長期総合計画は行政計画の基本となり，最上位に位置づけられる計画である。基本構想とこれに基づく基本計画からなるものが多い。おおむね10年間の行政運営の方針を示す基本構想と，5年程度の行政計画を示す基本計画で構成される。

（2）　実施計画

　長期総合計画に基づき 3 年間程度の具体的施策を示すのが実施計画である。実施計画には政策決定された主要な施策を実施するための骨格予算が示される。

（3）　予算書・決算書

　予算書は予算の基本的な資料で，自治体のすべての予算を網羅している。どのような事業を行うかを示す事業計画，それを行う資金調達の計画，必要となる経費の支出計画を網羅し，事業ごとの予算が款・項・目・節に分けて示されている。

（4）　教育振興基本計画

　「教育基本法」第 17 条第 2 項に，「地方公共団体は，前項の計画［国の教育振興基本計画］を参酌し，その地域の実情に応じ，当該地方公共団体における教育の振興のための施策に関する基本的な計画を定めるよう努めなければならない」と定められている。この規定に従って，市町村でも教育振興基本計画の策定が進んでいる。この中に，教育委員会で調整された図書館の主要な施策が示される。

（5）　図書館基本計画

　従来は，図書館サービス計画として，図書館が自主的に作成してきたものである。政策的・財政的な裏づけがないものがあり，教育委員会もしくは図書館の内規的な計画といえる。このような事情を背景にして「図書館サービス計画」を策定しているのは，一部の図書館に限られている。しかし，これらの図書館は，図書館の抱える課題解決に向けて問題を共有

し，具体的な方向性と方針をもち，改革の歩を進めてきた図書館といえる。

　近年は，教育振興基本計画の策定が進む中で，これに対応して「図書館基本計画」を作成する自治体が増えている。変革の激しい時代の中で図書館のあり方も大きな転換期を迎えている現在，図書館運営の方針および方向性を示し，将来を展望する必要性は高い。そのため，館内で検討して明確な運営方針や目標を立て，長期的な計画に基づいた事業推進に努めることが求められる。

　地域の課題解決に役立つ資料の収集と提供を任務とする地域資料担当者は，日常的な事務をこなすだけでは不十分である。自ら情報収集をし，具体的な戦略を考える必要がある。そして，「図書館基本計画」に何を盛り込み，どのような事業展開を実施するのか具体的な提案をしていかなければならない。

(6)　図書館事業計画・事業概要

　図書館サービス計画は作成していなくとも，「図書館の設置及び運営上の望ましい基準」の「一　市町村立図書館　1　管理運営」に，「市町村立図書館は，基本的運営方針を踏まえ，図書館サービスその他図書館の運営に関する適切な指標を選定し，これらに係る目標を設定するとともに，事業年度ごとに，当該事業年度の事業計画を策定し，公表するよう努めるものとする」とあることから，図書館事業計画や事業概要を作成している図書館は多い。これらの資料は，年刊の逐次刊行物として毎年作成されるものである。

　事業計画には運営方針や目標・重点施策をはじめとして具

体的な事業計画が示されている。望ましい形としては，事業ごとに具体的な数値目標を掲げておきたい。そうすれば，事業の成果報告書である事業概要に事業計画と比較して明確な評価が示せることになる。その一方で，事業概要は事業実績を表す目的から数値のみの記述となり，統計書になってしまう傾向もある。しかし，利用者への説明責任を果たすためにもわかりやすく図や表を用いるなどして，文章で説明すべきである。

4.4 行政資料の収集

(1) 行政資料の種類と収集方法

　行政資料を収集するためには，具体的にどのような種類の資料が存在し，それらの資料をどのように活用して収集すればよいのか知っておく必要がある。行政資料の専門図書館ともいうべき日野市立図書館市政図書室の清水ゆかり「地域資料の収集と提供－日野市立図書館市政図書室の実践から」[41]を参考に，⑤，⑥を追加してまとめたのが次の項目である。

① 定期的に発行されている冊子（事務報告書，予算書，決算書，統計書，事業概要など）

② 単発で発行される資料（調査報告書，審議会答申，検討委員会報告書など）

③ 各課が配布しているパンフレットやチラシ

④ 広報誌やホームページ（市，教育委員会，市内関係機関，市民団体，議員など）

⑤ 議会の質問通告書・答弁書および議事録

⑥ 庁議・教育委員会の議事日程・議事録

⑦　図書館からの協力依頼と収集資料の PR

⑧　過去に発行された資料の収集

⑨　庁内刊行物登録・納本制度の導入

　行政資料の収集には，①から④をチェックして継続的な収集に努めるとともに，⑥をチェックする必要がある。⑤は議会で取り上げられた資料や情報を知り，地域課題を認識するための格好の情報源である。⑥は各課で作成した主要な刊行物については事前に庁議や教育委員会で報告されるので刊行物情報をいち早く入手できる。

　⑤の議事録は一般公開資料なので誰でも見ることができるが，刊行されるまでに時間がかかる。⑥は教育委員会の事務局会議で配付する資料なので，館長等の管理職から職員に回覧してもらうか，刊行物情報だけは地域資料担当者に伝えてもらうべきである。

　⑦の刊行物提供の協力依頼は，年度当初や異動の時期に各課宛に文書やメールを送る。また，具体的にどのような資料が必要なのかを知ってもらうために，過去に収集されている課ごとのリストを添付するなどの工夫がほしい。⑧は年度末や異動時に廃棄される資料や，新しい資料の登録時に欠本確認をして補充するなどの方法で収集する。

　小平市の令和 4 年度『くらしのガイド　こだいら市民便利帳』の「主な販売出版物」には 124 冊の刊行物が掲載されている。このうち図書館と文化財関係の出版物を除くと，小平市の主な行政資料を把握できる。参考までに一覧表にまとめると表 4-1 のようになる。

　このようなチェックリストがあると，主要な行政資料をチェックするために参考になる。

【表 4-1】　小平市の主な行政資料

部署	資料名
企画政策	長期総合計画 長期総合計画・実行プラン 自治基本条例逐条解説 行政評価 統計書 経営方針推進プログラム
	公共施設白書 公共施設マネジメント基本方針 公共施設マネジメント推進計画 財政白書 一般会計予算書・決算書 決算附属書類 特別会計予算書・決算書 予算・決算特別委員会参考資料集 財務書類 わかりやすい予算
市民	市の人口
地域振興	市民活動意識調査報告書 男女共同参画推進計画 産業振興基本計画 農業振興計画 観光まちづくり振興プラン
子ども家庭	子ども・子育て支援事業計画 子ども・若者計画
健康福祉	福祉事業概要 地域保健福祉計画

	障害者福祉計画
	介護保険事業の概要
	地域包括ケア推進計画
	保健事業概要
環境	市の環境
	環境基本計画
	環境基本計画・実施状況
	一般廃棄物処理基本計画
	みどりの基本計画
	森のカルテづくりガイドブック
	下水道プラン
	下水道ストックマネジメント実施方針
	下水道総合地震対策計画
都市開発	都市計画マスタープラン
	都市計画図
	白地図
教育	市の教育
	教育振興基本計画
	特別支援教育総合推進計画

　ここには三資研の実態調査報告書で例示した行政資料のうち，例規集・要綱集，公報，広報，市勢概要，年報，議会および委員会会議録，議案書，監査資料，教育委員会会議録，審議会会議録が含まれていない。これは無料の出版物のためである。しかし，これらは小平市のホームページに掲載されて閲覧可能になっている。このうち，例規集・要綱集，広報，市勢概要，議会会議録は刊行されているが，公報，年報，委

員会会議録，議案書，監査資料，教育委員会会議録は刊行物になっていない。

　「主な販売出版物」と刊行されている例規集・要綱集，広報，市勢概要，議会会議録は小平市立図書館ですべて所蔵している。

(2)　行政資料および行政情報への対処

　図書館で刊行物を積極的に収集していても，それだけて必要な行政情報が提供できるわけではない。行政情報の公開とデジタル化が進む中で，自治体のホームページに行政資料を含めて情報公開される傾向が強くなっている。そこで，図書館では当該自治体のホームページにどのような情報が掲載されているのか把握しておくべきである。また，近隣の図書館の蔵書検索や先進事例を調べるためにもインターネットを使いこなす必要がある。

　例えば小平市ホームページの「市政情報」のボタンをクリックして「市政全般→市の組織 ▸各課の紹介」へ進むと，各課の仕事の内容が紹介されている。その下に「関連ページ」があり，くらしのガイド一覧・お知らせ一覧・よくある質問一覧・イベント一覧に構成されて行政情報が掲載されている。その総項目数はガイドが 3,085，お知らせ 861，質問 412，イベント 704 で，合計 5,062 項目（2022 年 3 月現在）の情報が表示され，情報によってはさらに下位階層に展開する。また，市報を除いた添付ファイルの数は 3,043 件である。サイト内検索の機能を使ってキーワード検索することによって，必要な情報にアクセスすることもできる。

　このような基本的構造を理解したうえで，日常的に使いこ

なしておけば，最近の行政情報にはたどり着きやすいが，古いものに関しては出版物が必要である。また，インターネットに不慣れな人や使いこなせない人もいるので，出版物のあるものは収集しておくことが求められる。

　また，近隣の図書館や先進市でどのような行政資料を収集しているのか調べることによって，貴重なヒントが得られることがある。特定のテーマや書名がわかれば，WebOPACで検索すればよい。しかし，行政資料としてどのようなものを収集しているのか全体像を知りたいということであれば，蔵書目録を使う方法がある。現在では蔵書目録を刊行しなくなっているので，これも個々にWebOPACで調べることになる。

　試しに，行政資料サービスで評価の高い日野市，多摩地域で地域資料の蔵書数が最大の西東京市および小平市の所蔵する行政資料を調べてみたい。いずれも行政資料のみを検索することができないので，出版社名に各市の名称を入力して地域資料の蔵書検索をしてみると，日野市が6,914件，西東京市が4,748件，小平市が5,875件（2022年10月現在）ヒットする。これだけの数の資料を閲覧するのは手間がかかるが，必要に応じてコピーペーストすれば簡単に資料目録を作成できるメリットがある。

（3）　行政資料の納本と登録制度

　図書館法第9条第2項に地方公共団体の刊行物は無償で提供できることになっているが，現実的には強制力がなく，この規定だけでは実効性がない。そこで，地方自治体によっては図書館設置条例や文書管理規定等に，刊行物の図書館への納本を明文化しているところがある。しかし，こうした制度

が整備されていない場合，庁内刊行物登録や納本制度の導入は，地域資料担当者の努力だけでは解決できない。

　このような状況を解決するため，富山県立図書館では毎年，県の各部局および市町村へ「刊行物実態調査」を実施して，県立図書館への資料提供を依頼している。これによって各自治体から送付される冊子体の印刷物を原則3部ずつ受入している。調査をすることまではできなくとも，年度末や年度当初に各課に依頼文書を出して収集に努めているところもある。課長や担当者の注意を喚起し，図書館では行政資料を収集し整理して，市民に提供する窓口になっていることをPRする意義は大きい。最近は文書がメール送信できるようになっているところもあるので，これは実行しやすい方法である。この依頼文書の実効性を高めるためには，庁議や教育委員会の連絡調整会議で部長や課長に報告してもらうという選択もある。

　また，公文書管理条例の施行によって，徐々に地域公文書館の整備が進んでいるものの，多くの市町村に設置されるようになるのはほど遠い。図書館がこれだけ普及し，利用しやすい施設として機能している現状を考えると，印刷刊行物の行政資料だけでも図書館で利用できるようにすることこそ急務である。こうしたことを考えると，今こそ行政資料の納本と登録制度の導入に取り組むべきときだといえる。

4.5 日野市立図書館市政図書室と地域資料サービス

　日野市立図書館が素晴らしいのは，初期の移動図書館車の事業展開や貸出実績だけではない。1973年4月に中央図書

館を開設したときに市民資料室を設け，1977 年 12 月には市役所の 1 階に市政図書室を開設して地域資料サービスの点でも立派な実績を残していることである。また，日野市立図書館は，三多摩郷土資料研究会の初代事務局として多摩地域の図書館を牽引し，地域資料サービスの手本を示している。

市政図書室の活動については，参考文献に示すように市政図書室の運営に当たった者および研究者によって数多くの報告がある[41]～[44]ので，詳細はこれらに譲る。

市政図書室は，地域資料の中でも行政資料・情報に重点を置いたサービスを実施している特色のある図書館で，運営方針および現在実施している事業の概要は次のとおりである。

1）運営方針
① 日野市の地域・行政情報センターの役割を果たす
② 日野市という自治体を構成する市民・議員・職員のすべてを対象とする
③ 日野市に関するあらゆる資料と，市政と市民生活の向上・発展のために必要な参考資料を系統的に収集する
④ 収集した資料や情報は，積極的かつ公平に公開・提供する
⑤ 日野市に関する資料は，すべて永久保存する
2）開館日時　月～土曜日の 8:30～17:15（日曜日・祝日・年末年始は休館）
3）施設面積　140㎡（事務スペースを含む）
4）職員体制　正規職員 3 人，嘱託職員 2 人（1 人ずつ交代で勤務）
5）蔵書数　図書：4 万 8 千冊　雑誌：120 タイトル　新聞：全

国紙 6，政党紙 5 など

6) 有料データベース　新聞記事索引 4，官報検索，法律・判
   例 2，行政情報 2

7)「第 3 次日野市立図書館基本計画」[45)] の位置づけ

　日野市の図書館基本計画は 2008 年に策定され，多摩地域
で最も早く作成された計画である。この第 3 次計画は 2018 年
3 月に発行され，次のようにホームページにも掲載されている
(https://www.lib.city.hino.lg.jp/library/basicplan/plan3/libraryplan.pdf)。

　この第 5 章に市政図書室の事業が取り上げられており，事
業の概要がまとめられているので紹介する。

＊＊＊＊＊＊＊＊

　市政図書室は，日野市立図書館の地域・行政資料センターの役割
を果たしています。歴史資料だけでなく，市民，議員，市職員が地
方行政を知るために，また，それぞれの活動や職務に必要とする図
書，雑誌や他の自治体の行政資料・情報を収集して提供します。

① 　地域の特長
・市政図書室は市役所内にあり，ひの煉瓦ホール（日野市民会館）や
　日野中央公園と隣接しています。
・市政図書室は行政資料・地域資料を収集する図書館で他の地域館
　とはその性格が異なっています。

② 　利用者の特徴
・地域資料や行政情報を求めて来館する方が多いです。
・年齢的には高齢者の利用が多いですが，ビジネスマンも多く来館
　します。

③ 　めざすべき姿と具体的な取り組み
■わかりやすい市の施策の発信
・市民に市（各課）が取り組む施策をわかりやすく情報発信する窓

口としての役割を果たすとともに，行政に関する資料・情報の収集，提供，レファレンスサービスを積極的に行います。
・平成32年（2020年）に実施予定の市役所本庁舎免震改修工事に伴う市政図書室のリニューアルにより，資料の探しやすい環境をつくります。
・利用頻度等に応じて地域資料を保管する書庫を分け，速やかに提供できるようにします。
・オンラインデータベースの充実と利用促進を進めます。
・姉妹都市であるレッドランズ市（アメリカ合衆国カリフォルニア州）や岩手県紫波町の資料収集・情報発信をしていきます。
・公文書館的機能について，今後も総務課，郷土資料館等と連携し，協議を進めます。
　　また，郷土資料館，新選組のふるさと歴史館，生涯学習課文化財係と定期的な連絡会を設け，所蔵資料・情報の共有，郷土誌フェア等の合同事業の連携を強化します。
・行政資料，地域資料の電子化を検討します。
■地域の情報を発信
・地域の歴史や見どころを紹介し，それに関して知りたいことがあるときにどのように資料を探したらよいかの手引きを作成・配布します。また，子どもたちにも利用してもらえるよう，子ども向け地域資料の作成や展示等を行います。
・地域の情報は市政図書室に集中していますが，今後他の地域館との役割分担を検討します。

****

8）庁内への行政情報の発信・提供
①　行政情報データベースの提供
・iJAMP（時事通信社）　記者が自治体を取材し，詳細な記事

を掲載するもの

・47行政ジャーナル（共同通信社）　地方新聞社の行政分野の記事速報

② 「新聞記事速報」の作成・配布

　日野市に関する記事と国政・都政に関する記事，他自治体の先進施策・失敗事例，災害・事故対応等の記事を選び，月曜日から金曜日まで毎日午前中に印刷し庁内（出先機関を含む）に配布している。作成する形式と収録対象紙は次のとおりである。

・A3サイズで2～4枚　・朝日・産経・東京・日経・毎日・読売・日経産業・日刊工業・日本農業の各紙の記事とクリッピング利用の契約を結んでいる。

・都政新報の記事とクリッピング許諾を得ている。

③ 庁内情報システムの職員向け掲示板に「仕事に役立つ本」を紹介

④ 庁内の法務研修において市政図書室で利用できる有料オンラインデータベースを紹介

　これらの中でも，庁内への行政情報の発信・提供の事例②「新聞記事速報」の作成・配布は，市政図書室開設当初から実施している事業で，日野市独自の特色あるサービスである。

　また，2008年度には多摩市立図書館でも市役所第2庁舎1階に専任職員3人を配置し，100㎡の行政資料室の運営を開始している。多摩市の行政資料約1万冊を所蔵し，委員会や審議会の会議録等のファイル資料の収集や広報誌で紹介された行政資料の展示等を行っている。

5章 地域資料サービスの展開

　「はじめに」で触れたように，小平市立図書館の地域資料事業は，三多摩地域資料研究会で学んだ多摩地域の実践に習い，日野市の市政図書室の活動にも刺激を受けてサービスを展開した。このことから，多摩地域における地域資料サービスの集大成ともいえる。そこで，これ以降は小平市の具体的な実践事例を中心に地域資料サービスの展開について述べる。

　参考までに小平市中央図書館における地域資料の概要を，三資研の『地域資料業務実態調査報告書』2005 年版によってまとめると次ページのとおりである。

【図 5-1】　小平市中央図書館　地域資料室

【表 5-1】　小平市中央図書館地域資料室の概要

施設・職員	面積（㎡）	書架延長（m）
地域資料室	61	297
閉架書庫		433.4
古文書庫	41	107.3
古文書整理室	41	27.9
地域資料担当	専任 1 人　兼任 1 人　嘱託 2 人　臨時 2 人	

5.1 図書館サービス計画と事業計画・事業報告

　図書館サービス計画と事業計画・事業報告の意義と位置づけについては，第 4 章で述べたが，ここでは具体的な地域資料サービスの事例として小平市の計画を紹介する。どのような事業に取り組み，どのような成果をあげているのか確認するとともに，資料を作成するうえで参考にしてほしい。

(1)　「図書館サービス計画」の作成

　「図書館サービス計画」（https://library.kodaira.ed.jp/lib/files/service_plan.pdf）は 2004 年 7 月に策定したもので，運営計画に「平成 17 年度から 5 年以内の実現を目標とし，検討および研究課題は 10 年以内に具体的な方針をまとめるものとする」としていることから，内容的には時代にそぐわないものになっている。しかし，小平市立図書館の方向性を示し，その後の改革を推進する役目を果たした計画として評価すべきものである。また，この計画を基に 2005 年度からは毎年事業計画を出し，2006 年からはその実績を報告する事業概要を発行

する契機になった。

　この中に「6）地域資料サービス」として次のように記している。

＊＊＊＊＊＊＊＊

　地域活性化のためには地域に対する理解が根源である。地域資料は，地域の歴史的な経過と特性，現状と課題，将来展望と可能性等を探り見出すために欠かせない基礎的な資料であることを認識し，次のように積極的に資料および情報の充実に努める。また，小平に関する新聞記事・郷土写真・古文書・こどもきょうどしりょう等のデジタル化を促進し，ホームページで情報発信を図り，行政情報や地域情報等を必要な部署に選択して提供する SDI サービスの導入について研究する。

①　地域資料（小平という地域について知るためのあらゆる資料および情報）を積極的に収集し，必要に応じて索引・目録等を整備すると共にデータベース化等も検討し活用する。

②　小平市で発行した行政資料および関連地域のものを積極的に収集整備する。

③　小平に関する新聞記事の切り抜きと新聞記事データベース化を促進し，ホームページで記事の抄録が検索できるようにする。

④　小平市の変遷や生活を同時代の目で記録する定点撮影を継続し，デジタル化を促進してホームページに小平市写真ミュージアムを構築する。

⑤　小平市の古文書を編集して史料集を刊行する。また，古文書目録および御用留内容目録のデジタル化を促進し，ホームページで公開する。

⑥　こどもきょうどしりょうのデジタル化を促進し，ホームページで公開する。

⑦　地域情報リンク集の充実を図る。

⑧　行政情報や地域情報に関するリンク集の充実を図り，選択的情報提供サービスの導入について研究する。

(2)　小平市立図書館事業計画

2017 年度の小平市立図書館事業計画（https://library.kodaira.ed.jp/lib/files/plan_h29.pdf）には，「(5) 地域資料等の収集・整理・保存およびデジタル化」として次のように記している。

****

市民の郷土理解を深めるために，地域に関する資料及び古文書の収集，整理，記録及び保存を行います。また，地域資料のデジタル化を推進します。

①　地域資料・行政資料

②　小平市に関する新聞記事の切り抜き，整理，索引作成及びホームページへの掲載

③　郷土写真（写真資料のデジタル化，市内定点撮影，古写真の整理・保存・展示）

④　市報，新聞折り込み広告，ポスター等

⑤　特別文庫（久下文庫・伊藤文庫・平櫛田中文庫等）

⑥　地域資料のデジタル化

(3)　小平市立図書館事業概要

2017 年度の事業計画を実施した結果について，事業概要（https://library.kodaira.ed.jp/lib/files/outline_h29.pdf）には「5　地域資料等の収集・整理・保存及びデジタル化」として次のように報告している。これを見ることによって，小平市立図書館で現在実施している地域資料サービスの全体像が把握できる

ので，長文になるが引用したい。

【資料 1】

市民の郷土理解を深めるために，地域に関する資料及び古文書の収集・整理・記録及び保存を行っています。また，地域資料のデジタル化を推進しました。

地域資料は，全館で分担収集しています。平成 29 年度末の所蔵資料の点数は次のとおりです。

【表8】 所蔵資料数（地域資料等）　　　　（平成 30 年 3 月 31 日現在）

館名	資料名	開始年月	資料数
全館	地域資料（地図・行政資料を含む）	昭和 50 年 4 月	68,793
中央図書館	特別文庫	昭和 60 年 7 月	36,037
	古文書	昭和 50 年 9 月	30,679
	地域の広告，チラシ	昭和 54 年 4 月	73,595
喜平図書館	郷土写真（定点写真 7,575 点を含む）	昭和 53 年 7 月	57,581
	郷土写真のデジタル化	平成 14 年 4 月	57,249
上宿図書館	地域の新聞記事切り抜き	昭和 52 年 2 月	60,962
津田図書館	地域のポスター	昭和 63 年 3 月	8,704
大沼図書館	市内在住著作者資料	昭和 60 年 7 月	2,608
合計			396,208

(1) 地域資料・行政資料

地域資料の所蔵資料数は，小平市や東京都の刊行物などの行政資料も含めて 68,793 冊で，前年度と比べて 455 冊の減となりました。内訳は購入 241 冊，寄贈 995 冊，複本や合冊製本によって除籍した資料数は 1,691 冊です。

【表9】　地域資料の所蔵資料数　　　　　　　　　　（単位：冊）

年度	受入資料数	除籍資料数	資料総数
平成 27 年度	1,490	179	68,556
平成 28 年度	1,414	722	69,248
平成 29 年度	1,236	1,691	68,793

【表10】　地域資料分類別受入資料数　　　　　　　（単位：冊）

分類	冊数	分類	冊数
A 総記	89	O 教育	48
B 歴史	93	P 文化施設	98
D 地理	143	Q 自然科学	25
E 民俗	29	R 土木・建築	5
F 議会	69	S 都市施設	23
G 行政	120	T 保健衛生	71
I 財政	123	U 公害・災害	13
J 経済	4	V 産業	17
K 統計	46	W 交通・運輸	25
L 社会	55	Y 文学・芸術	25
M 労働	10	Z 特別コレクション	7
N 福祉	98	合計	1,236

(2)　小平市に関係する新聞記事の切り抜き，整理，索引作成及びホームページへの掲載

　昭和 51 年度に，小平の地域や図書館に関する新聞記事の切り抜きを小平市図書館（現仲町図書館）で開始し，昭和 54 年度からは花小金井図書館が，平成 16 年度からは上宿図書館が引き継ぎました。現在は，小平の地域に関する新聞記事に限定し，原紙を上宿図書館で切り抜き，台紙に貼ったものをファイルしています。また記事索

引の作成も併せて行い，ホームページへの掲載を行っています。

　平成 29 年度に新たに収集した小平の地域に関する新聞記事の件数は，292 件でした。

(3)　郷土写真（写真資料のデジタル化，市内定点撮影，古写真の収集・整理・保存・展示）

　郷土写真事業は，昭和 52 年度に小平市図書館（現仲町図書館）で開催した郷土写真展を契機に始まりました。昭和 56 年度からは喜平図書館の事業としてテーマ別撮影による郷土写真展，古写真の収集，定点撮影，写真の整理・保存・貸出業務，デジタル化などを行ってきました。平成 16 年度からは，定点撮影事業のみを上宿図書館で担当し，210 か所の定点を 104 か所に整理し撮影を行いました。

　平成 18 年度から平成 22 年度までは，定点撮影の代わりに秘書広報課から寄託されたポイント写真 520 か所（昭和 57 年撮影）の撮影を 5 年計画で実施しました。平成 25 年度からは，市内を東西に分け，各図書館が分担して，隔年で定点を撮影しています。現在，小平市立図書館で収集した写真の合計点数は，秘書広報課から移管した写真，テーマ別撮影による郷土写真，定点写真などで 57,581 点です。

①　平成 29 年度は，西武多摩湖線東側の地域を各館で分担し，52 か所の定点撮影を行いました。

②　古写真，テーマ別撮影などの郷土写真の保存・整理とデジタル化は，喜平図書館で行っています。平成 29 年度は 1,181 点のデータ入力が行われ，現在 57,249 点のデジタル化が完了しています。

(4)　市報，新聞折り込み広告，ポスター等

①　新聞に折り込まれた広告（チラシ）は，地域や時代を伝える資料として昭和 54 年度から花小金井図書館で収集を開始しました。収集した広告は『小平市リーフレット（広告）』として製本して，299 冊を中央図書館で保存・提供しています。

平成 23 年度からは中央図書館が担当すると同時に，分類の見直しを行いました。保管方法も変更し，ファイルにまとめることとしました。なお，整理・保管については図書館ボランティアの協力をいただいています。平成 29 年度は 1,732 点の広告を収集・整理しました。

② ポスター収集事業は，昭和 62 年度から津田図書館で開始し，平成 29 年度は 361 枚を新規に収集，整理し，現在 8,704 枚のポスターを収蔵しています。また平成 30 年 3 月に中央図書館と津田図書館において「ポスター展」を開催しました。

(5) 特別文庫

① 久下文庫

化粧史の研究家の久下司氏の旧蔵書で，平成 7 年度に図書館に寄贈されました。染色化粧文化などの図書 6,161 冊，雑誌 3,335 冊の膨大なコレクションです。図書・雑誌については「久下文庫所蔵目録Ⅰ～Ⅳ」があります。そのうち「古典籍」については，元慶應義塾大学教授大沼晴暉氏（書誌学）により詳細な目録が整備されています。

なお，「古典籍」については「古今和歌集」のコレクションが充実しているとして，国文学研究資料館ホームページ内の「日本古典籍総合目録データベース」に平成 24 年度から掲載されています。

※古典籍　江戸末期以前の写本・版本で特に内容・形態ともに優れているものをいいます。

② 伊藤文庫

「小平町誌」の編さんに尽力され，近世史の研究にも大きな功績を残された伊藤好一氏の旧蔵書で，平成 11 年度に図書館に寄贈されました。平成 13 年度から 3 年をかけ関東近世史研究会によって整理され，図書 8,273 冊，雑誌 3,280 冊のカード目録が作成されてい

ます。平成 21 年度には目録をデジタル化し，タイトルの 50 音順の
リストを作成しました。これにより，簡易に目的の資料を探すこと
ができるようになりました。

③　平櫛田中文庫

　「鏡獅子」等の代表作で知られる日本近代彫刻の巨匠・平櫛田中
の旧蔵書が，平成 24 年度に小平市に寄贈されました。平成 27 年度
に整理し，平成 28 年 2 月から中央図書館で「平櫛田中文庫」として
公開しました。この文庫は貴重な和装本や大型美術本等で構成され
約 15,000 点あります。小平市立図書館ホームページに蔵書を検索
できる平櫛田中文庫蔵書検索サイトを新設し，中央図書館参考室で
の閲覧等が可能となりました。

(6)　地域資料のデジタル化

①　小平市に関する新聞記事データを，図書館ホームページに公開
　しています。また，平成 29 年度の新聞記事データをデジタル化
　し追加しました。昭和 52 年度から検索が可能です。

②　「小平市図書館だより」の 77 号（平成 29 年 11 月発行），78 号
　（平成 30 年 3 月発行）を発行と同時にデジタル化をして図書館ホ
　ームページに掲載しました。

③　紙資料を複数の媒体で保存することで，貴重な資料を後世に残
　すことと利便性の向上を目的として，平成 29 年度は，都指定文化
　財である「小川家文書」12,797 件のデジタル化を行いました。

④　小平町報・市報記事について市ホームページに掲載されていな
　い期間（昭和 26 年 7 月から平成 13 年 12 月まで）を検索できるよ
　うに，この期間の記事を一つのファイルにまとめ索引（データ化）
　を作成しました。このことにより過去の町報・市報にどのような
　記事が掲載されたか調査研究する際に役立ちます。

5.2 小平市立図書館の実践

　小平市立図書館で取り組んでいる地域資料サービスの展開は「第8章　特別コレクションの形成」で述べる。ここでは事業概要で紹介した内容のまとめも含めて，その全体像と2022年3月31日現在の個々の所蔵数を箇条書きで記す。

1)　古文書整理
　　①　古文書目録　20冊・50家・30,679点
　　②　史料集　32冊
　　③　保存対策
2)　一般図書・行政資料　69,488冊
　　①　地図
　　②　学校関係資料
3)　特別文庫　35,635冊
4)　新聞記事の切り抜き　62,698点
5)　折り込み広告　79,072枚
6)　郷土写真　67,175枚
　　①　定点撮影
　　②　テーマ別撮影
　　③　写真の発掘と複写
7)　郷土写真のデジタル化　66,918枚
8)　ポスター　9,687枚
9)　市内在住著作者資料　2,291点
10)　小平事始め年表
11)　町報・市報記事索引
　蔵書管理システム（OPAC）で検索できるのは，これらのうち「2)　一般図書・行政資料」と「9)　市内在住著作者資料」

のみである。新聞記事，町報・市報記事索引についてはホームページに掲載し別のシステムで検索でき，郷土写真，小平事始め年表もホームページで閲覧可能であるが検索はできない。なお，古文書目録についてはデジタル化の作業が済んでいるので，近々掲載予定である。

　これらの郷土写真のデジタル化を除いた地域資料の合計所蔵数は357,127点になる。

12）　としょかんこどもきょうどしりょうの作成

　これは子ども向けの地域資料として作成したもので，1990年11月から1995年9月までの期間にNo. 41まで発行した。当初は手書きのものでB4の用紙に印刷して4つ折りで配布したものである。その後，1996年3月に1冊の本にまとめて刊行し，現在は挿絵をカラーにしてデジタル化したものを次のようにホームページに掲載している。

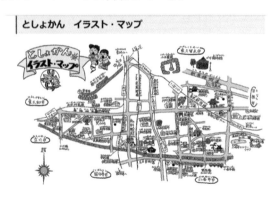

【図5-2】　としょかんこどもきょうどしりょう

　この作成経過については，第8章の最後にコラムとして紹介する。

5.3 愛荘町立愛知川図書館の実践

　地域資料を積極的に収集し，精力的に事業展開をしている町立図書館として，渡部幹雄『地域と図書館』[46]に述べられていることを中心に愛荘町立愛知川図書館の事例を紹介する。愛知川図書館は 2000 年 12 月に，伝承工芸品の展示施設である「びんてまりの館」との複合施設として開館した旧愛知川町立図書館である。

(1)　まちかど博物館
　この図書館は複合施設であることと，館長の渡部が学芸員でもあることを活かした地域資料コレクションを形成し，積極的な事業展開を図った図書館として知られている。中でも注目されるのがまちかど博物館である。これは，図書館と中山道の宿場町である愛知川宿の商店街との地域連携事業で，歴史のある宿場町の商店で所有する博物資料を店先に展示してもらい，地域活性化につなげている。図書館ではその PR と解説を兼ねて次のような資料を作成している。
　　①　中山道愛知川宿まちかど博物館マップ
　　②　宿駅散策近江中山道中絵巻
　　③　中山道百楽図

(2)　字づくり情報
　同じような手法で，地域の集落や団体等に図書館からの資料や労力の提供を通じて集落の歴史をまとめて「字誌」の刊行にかかわっている。このことは，他の字にも広げて字づくり情報の提供を事業として展開している。

（3） 展示会の開催

図書館の展示スペースを使った地域関連展示も積極的に開催し，展示会ごとに展示図録を作成して配布している。図書館で収集した写真資料と字づくり情報を活用して『えちがわひとむかしの「むかし」－字で選んだ歴史写真』の発行も行っている。

（4） まちのこし情報

「まちのこし情報」は，図書館利用者と協同で実施している事業である。玄関の掲示板に町内地図を貼り，町の情報を集めている。例えば，桜の開花マップ，ツバメの巣マップ，蛍のお宿マップ，ミンミンゼミの鳴き声マップ，お地蔵さん所在マップ，茅葺屋根マップ，ガチャコンポンプ捜索隊といったテーマである。

情報の収集方法としては，地図にタックシールを貼る方法，カードに詳細情報を記載していく方法，インターネットで書き込みのできる方法の3つが用意されている。

（5） クリアファイルとパンフレットボックスによる整理

地域資料の充実を主要なテーマとして設定し，多様な資料を収集している。しかし，資料の組織化に手間がかかるパンフレットやチラシなどは，書架にパンフレットボックスを置いて利用者に自由に利用してもらっている。その特徴的なものとしては，次のようなものがある。

① 飲食店のメニュー
② 各種団体の刊行物
③ 中山道関係資料

④　近江鉄道関係資料

(6)　町史編さん

　旧愛知川町では，町史編さん事業を図書館長が兼務で実施していた。その過程で収集した資料は，図書館の地域資料として残されている。この事業の中で集められた歴史的な写真は，「えちがわ歴史写真館」としてホームページで閲覧できたが，現在はリンクされていない。

6章 資料の収集と再編

6.1 収集方針

　資料を収集するためには，何よりも収集方針を明確にしておく必要がある。それは利用者にコレクションの構成や事業の取り組みを理解し，活用してもらうためであり，事業を継続的に実施し，資料提供を担保するためである。

　収集方針の理解が不十分で，担当者の交替によって事業の遂行に支障をきたすようなことがあると，コレクションの質の低下を招き，魅力を損なうことになりかねない。事業を安定的に維持継続し，時代の変化に対応するためにも明確な方針・基準・マニュアルを作成し，随時見直しや改定を行わなければならない。

(1)　地域資料収集方針

　地域資料収集方針を作成するうえで必要な事項をまとめると，次のようになる。

【資料収集方針に含めるべき要素】

① 基本方針
・収集方針の目的
・地域資料サービスの対象
・地域資料サービスの使命

・資料収集と知的自由

・収集・選択の組織

・図書館相互協力

② 収集範囲

③ 収集方法

④ 収集冊数

⑤ 資料の利用と保存，除籍

　ただし，図書館全体の資料収集方針との整合性を保ち調整する必要があり，全体の収集方針と齟齬のないように配慮しなければならない。そのため，全体の収集方針には概要を記し，詳細は地域資料収集方針に定めるといった対応が求められる。

(2) 資料収集方針の事例

　最近はホームページにこれらの収集方針を掲示している図書館が少なくないので，具体的な内容や表現は，自館の現状に合った事例を探して参考にするとよい。参考までに小平市立図書館の事例を次に記す。

① 小平市立図書館資料収集方針（平成 28 年 4 月改訂）

　「小平市立図書館資料収集方針」(https://library.kodaira.ed.jp/lib/files/libimg1543892899.pdf) は図書館全体の収集方針で，地域資料については，「市民の教養，調査研究，レクリエーション等に役立てるため，小平市に関連のある資料は形態ごとに網羅的に収集する。多摩六都，多摩地域，東京都，隣接県および姉妹都市に関する資料は，適宜その優先順位に基づいて収集する」としている。

② 小平市立図書館地域資料収集方針

上記の収集方針に対応して改訂したものは次のとおりである。これも長文になるが，地域資料を収集するうえで不可欠な基礎資料なので紹介したい。

【資料 2】────────────────────
地域資料収集方針

平成 10 年 10 月 1 日制定
平成 29 年　4 月 1 日改訂

1. 目的

1)　目的

この地域資料収集方針は，「小平市立図書館資料収集方針」に基づき，地域資料の収集と蔵書管理に関して必要な事項を定めることを目的とする。

2)　対象

地域資料は，地域に生活する人々にとって密接な資料であり，地域情報を入手する重要な情報源と認識し，小平市に住み，働き，学ぶ人々および小平市や多摩地域に関する資料を求める人々のために地域資料を提供する。

また，サービスの対象は，児童・生徒から研究者までの多様な年齢層と職層の人々および視覚等に障害のある方々まで，地域資料を必要とする全ての人々とする。

3)　使命

地域資料は，図書館が留意して収集しなければならない資料の筆頭である（「図書館法」第 3 条）。また，「公共図書館はその地域に関するあらゆる資料（情報）の収集と利用について，最終的な責任を

102

もたなければならない。」（『図書館ハンドブック　第4版』）とされ，「それぞれの地域に関する資料の収集提供は，図書館が住民に対して負っている責務である。そのため図書館は，設置自治体の刊行物およびその地域に関連のある資料を網羅的に収集するほか，その地域にかかわりのある機関・団体等の刊行物の収集にも努める。また，その地方で刊行される一般の出版物についても収集に努める。」（『公立図書館の任務と目標』）としている。

　小平市立図書館は，これらの指針に沿って地域資料の収集・提供に努めるとともに，資料保存にも十分に留意して「いつでも，だれでも，そしていつまでも」資料が利用できるように努める。また，地域資料の電子化を進め，地域課題に対応した情報提供に取り組む。

4)　基本方針

　資料の収集に当たっては，「小平市立図書館資料収集方針」に基づき，「図書館の自由に関する宣言」を尊重し，資料を幅広く体系的・組織的に収集する。

5)　収集・選択の組織

　資料の収集は，地域資料担当者が選定し，中央図書館長が決定する。

　但し，古書等で緊急の判断を必要とするものは，資料担当の承認を得，中央図書館長の決定を経て発注し，後に選書会議に報告することができるものとする。

6)　図書館相互協力

　地域資料の収集は，それぞれの図書館がそれぞれの地域を中心として形成するもので，自ずと資料の大半は設置自治体および地域の資料が中心となる。そこで，近隣の自治体や東京都に関する地域資料は，多摩地域の図書館，都立多摩図書館および類縁機関との相互協力が欠かせない。

2. 収集分担

　多様な資料要求に応えるために，下記の通り資料形態別に収集分担を定め実施するものとする。

1）　中央図書館

　　a. 図書資料（刊本・稿本・写本）

　　b. 行政資料

　　c. 地図

　　d. 古文書

　　e. 特別文庫

　　f. 視聴覚資料

　　g. 広告・チラシ

　　h. 雑誌（ミニコミ誌・郷土研究会等の会報・研究紀要を含む）

　　i. 雑誌記事索引の作成

　　j. 地域新聞（東京都および三多摩各市の広報誌・議会報・文化施
　　　設等の発行する新聞を含む）

　　k. その他

2）　喜平図書館

　　a. 郷土写真

　　b. 郷土写真索引の作成

3）　上宿図書館

　　a. 新聞記事の切り抜き

　　b. 新聞記事索引の作成

　　c. 定点写真

4）　津田図書館

　　a. ポスター

5）　大沼図書館

　　a. 市内在住著作資料

3. 収集範囲

収集範囲については，基本的に別表1「資料の収集範囲」および別表2「行政資料の収集範囲」の通りとする。

但し，小平市に関するものは全ての資料にわたって極力網羅的に収集するものとし，その他のものに関しては下記の地理区分の範囲で，適宜その優先順位に基づいて収集する。

【地理区分】

1) 小平市

2) 北多摩五市（＊広域行政圏を形成している隣接市）

3) 多摩地域

4) 東京都

5) 隣接県（旧武蔵国）

6) 姉妹都市（北海道小平町）

【時代的地理区分】

1) 近代以降のものは前記の地理区分に従う

2) 近世以前の歴史・地理・民俗・自然科学・交通・文学・芸術に関するものは，北多摩地区を地理的範囲の第1区分とする。

3) 小平市全域が神奈川県に属していた明治5年から26年までの時代のものは，地理的範囲の第2区分は神奈川県とする。

【別表1】　資料の収集範囲

◎積極的に収集　○基本的なもののみ収集　△寄贈資料を中心に収集

対象資料 ＼ 対象範囲	小平市	多摩地域	東京都	隣接県	姉妹都市
印刷資料					
図書	◎	○	○	○	△
雑誌	◎	○			
新聞	△	△			

地図	◎	○	○		
パンフレット	○	△	△		
リーフレット	○				
広告	◎				
ポスター	△				
絵はがき	○	△			
新聞切抜	◎				
非図書資料					
古文書	◎				
写真	◎				
映像資料	△				
音声資料	△				
マイクロ資料	○	○			
点字資料	○				
電子資料	○				
特別コレクション	△				

【別表2】　行政資料の収集範囲

◎積極的に収集　○基本的なもののみ収集　△寄贈資料を中心に収集

対象資料 \ 対象範囲	小平市	東京都	多摩地域	隣接県	姉妹都市
例規集	◎	○	△		
要綱集	◎	○			
公報	○	○			
広報	◎	○	○		△
行政報告書	◎	○	△		△
統計書	◎	○	△		△
市勢要覧	◎	○	△		△
事業概要	◎	○	△		△
年報	◎	○	△		

106

会議録	◎	○	△		
計画書	◎	○	△		△
予算書	◎	○	△		
決算書	◎	○	△		
調査報告書	◎	△	△		
地図	◎	○	○		
民間刊行物	◎	○	○		

4. 収集方法

1) 購入および寄贈による収集

　地域資料は，一般図書と同様に契約書店からの購入によるものの外，直販や寄贈によって網羅的な資料収集に努める。

2) 資料交換による収集

　博物館や市史編纂室および大学等で，定期的に資料を刊行している機関には積極的に働きかけ，収集に努める。

3) 寄託による収集

　小平に関する地方文書や個人所蔵のコレクションで，地域資料として資料価値の高いものは，寄託によって収集に努める。

4) 行政資料の収集

　小平市で発行する出版物や近隣自治体の出版物は，定期的に寄贈依頼を出して収集に努める。また，小平市の行政資料を網羅的に収集する。

　小平市以外の出版物で依頼をして寄贈を受けた資料は，その都度寄贈礼状を出し，お礼の意を表すとともに今後の協力を依頼する。

5. 収集冊数

1) 中央図書館

　中央図書館の地域資料室は，小平に関する地域資料業務の中心館として資料の収集を行う。

なお，特に必要性が高いと認められるものは必要冊数収集することができるものとする。

2) 地区図書館

利用の頻繁な地域資料の要求には，どこの地区図書館でも対応できなければならない。従って，小平市に関して調べるのに必要な基本的および概略的な資料は，各館に 1 冊ずつ収集する。

但し，『小平の歴史』等の利用の多い資料はこの範囲を超えて収集することができるものとする。

6. 分類

資料の分類は，収集すべき資料形態が多様でそれぞれの特性があり，統一的な分類をするのは困難なので，下記の分類表によって資料形態ごとに分類する。

1) 地域資料分類表（図書資料・行政資料・雑誌・地図）

2) 古文書分類綱目表（古文書）

3) 新聞記事分類表（新聞記事切り抜き）

4) リーフレット・パンフレット分類表（広告・リーフレット・パンフレット）

5) 写真分類表（郷土写真）

7. 整理・登録

地域資料の整理・登録は，分類同様に統一的な整理をするのは困難なので，下記のマニュアルや規則・要領類に従って資料形態別に整理する。

1) 地域資料収集方針

2) 地域資料登録規則

3) 地域資料整理マニュアル

4) 新聞記事登録規則

5) 郷土写真資料収集保存事業の手引

6) 定点撮影事業マニュアル

7) ポスター・パンフレット収集要領

8. 利用と保存

収集した資料は基本的に永久保存とする。また，必要性の高いものは高価本・豪華本・古書等の別およびカセット・ビデオ・CD 等の形態の如何を問わず積極的に収集することとし，資料保存の必要に応じてコピー製本やマイクロフィルム・CD 等によって収集および媒体変換して利用に供する。

資料収集は基本的に利用のために行われるものであり，できる限り利用しやすいように整理し，検索手段を充実させ，貸出するのが望ましい。また，同時に将来の利用にも応えうるものであり，恒久的に資料提供しなければならない責務を負っている。そのために，小平市に関する資料で将来にわたって利用の需要が高いと認められるものは，収集した時点で 1 冊は保存箱等の保存容器に入れ，保存環境を整える等の資料保存対策を講じなければならない。

但し，蔵書管理および資料保存上貸出しない方が利用を保障する上で望ましい以下のものは，閲覧のみに限定することができるものとし，それ以外のものは一般図書と同様に貸出する。

1) 古文書，古記録

2) 手稿本，原稿

3) 辞典，目録，名簿等の参考図書

4) 住宅地図，地籍図等の地図

5) 新聞切り抜き

6) 広告，リーフレット，パンフレット

7) 写真

8) ポスター

9) 複本収集不可能な稀覯本や貴重書

9. 除籍・廃棄

　地域資料の除籍・廃棄は「小平市図書館資料の除籍等に関する要領」に基づき，下記の範囲に限定して行うものとする。

【中央図書館】

1) 次の項目に該当する資料は除籍することができる。

　① 引き続き3年以上所在不明の資料。

　② 貸出中のもので，災害・事故および紛失等のため，回収不能な資料。

　③ 破損および汚損のため修理不能で，利用できなくなった資料。

　④ 複本収集した旅行・食べ物店・激安ショップガイド等で，収集後一定期間（5年程度）経過して実用書としての利用価値が減少したものの中で，保管状態の最も良い1冊を除いた資料。

　⑤ 分冊または合冊した資料。

　⑥ 他の自治体の行政資料等で，移管および除籍が適当と認められる資料。

　⑦ その他資料の再評価によって，除籍が適当と認められる資料。

　但し，多摩地域以外の資料で改訂版，新版等が出版されたことにより資料的な価値がなくなった資料。

2) 次の項目に該当する資料は廃棄することができる。

　① 破損および汚損によって利用不能な資料。

　② 除籍が適当と認められた資料。

【地区図書館】

1) 中央図書館に複本がある資料は，除籍できるものとする。

　　但し，保存スペースの限度を超えた場合に限る。

2) 代替資料があって利用頻度が低い下記の資料は，除籍できるものとする。

　① 行楽ガイド　　　　5年以上経過したもの

② 住宅地図　　　　　３年以上経過したもの

③ 小平市の行政資料　５年以上経過したもの

④ 東京都の行政資料　３年以上経過したもの

3） 中央図書館で所蔵されていない資料，および１冊しか所蔵され
ていない資料は，中央図書館に移管する。

4） 除籍手順は次のとおりとする。

① 保存年限の過ぎたもので中央図書館に所蔵のある資料は，当
該館で除籍する。

② 複本を除籍する場合は，最も保存状態の良い資料を残す。

③ 中央図書館に移管する資料は，所蔵館を変更し，資料状態を
「整理中」にした上で，移管リストを添付して移管する。

10. 電子化と情報提供

「小平市第三次長期総合計画」の今後の課題および「小平市教育
振興基本計画」における図書館の施策に従い，地域資料や情報のデ
ジタル化 を促進し，積極的に情報発信していくこととする。

1） 下記の資料の電子化を促進する

① 古文書

② 郷土写真

2） 情報発信

情報発信のためには，資料や書誌情報等をまとめ，目録・索引お
よびパスファインダーの作成，展示会・講演会の開催，ホームペー
ジ等での情報発信と広報に努めるものとする。

「地域資料収集方針」は地域資料全体の収集方針で，「7.
整理・登録」に記入してあるように，小平市立図書館で収集
対象としている地域資料関連の７つのマニュアルや規則・要

領類を総括している。

　内容的な特色としては，「1．目的」にサービスの対象，使命，収集・選択の組織，図書館相互協力に言及していること，「2．収集分担」に地区館との資料形態別の収集分担を決めていること，「3．収集範囲」に地理区分別に収集範囲を決めて優先順位をつけていること，8．から10．に利用と保存，除籍・廃棄，電子化と情報提供を記述していることなどがあげられる。

　改訂版とそれ以前の版を比較すると次のような変更がある。「2．収集分担」は分担の見直しによって仲町・花小金井を分担館から外した。また，「5．収集冊数」は閉架書庫の収容能力の限界を反映して，複本収集から1冊の収集に縮小した。さらに，「10．電子化と情報提供」は時代の変化に伴う図書館施策に対応して新たに付け加えた。

6.2 地域資料の種類

　地域資料は図書館コレクションの縮図であり，図書館サービスの総合ともいえる。下記のように図書館情報資源概論等で紹介されている記録資料および非記録資料のすべての資料が，利用対象としては子どもから研究者まで幅広い層が対象となる。

【記録資料】

1）　印刷資料

①　図書・逐次刊行物・地図・クリッピング（新聞，雑誌記事等）

②　小冊子類（パンフレット，リーフレット，ポスター，絵はがき，

112

かるた，カタログ，楽譜，ビラ，チラシ等）
2）　非印刷資料
①　手書き資料（文書，記録，写本等）・映像資料（写真，スライド，フィルム等）
②　音声資料（レコード，録音テープ等）・マイクロ資料・点字資料・電子資料
【非記録資料】
①　発掘遺物・民具
②　生活用品・美術品
③　工芸品・物産見本
④　標本・模型
　ただし，非印刷資料は文書館や資料館に任せ，非記録資料は博物館や美術館等の類縁機関に任せるなど，印刷資料を中心に収集している図書館が多い。

6.3 資料選択のための情報源

　実際に地域資料を収集するためには，資料を選択するための情報源が必要になる。その情報源の概要について次に記す。

（1）　地域資料の特性
　一般資料の場合は，出版情報誌や取次店・書店のホームページの書誌情報および出版案内のチラシや目録，見計らい等によって出版情報を容易に入手することができる。しかし，地域資料の場合は，通常の方法だけでは出版情報の収集が困難で，情報収集と資料入手の方法の検討が必要になる。

(2)　新聞記事（新聞・広報誌等）

　新聞の全国紙の地方版や地方新聞および市報等の広報誌に掲載される資料の情報は，さまざまな地域情報も含めて収集できるので，貴重な情報源である。日ごろから関心をもって紙面をチェックしておくことが大切である。

(3)　地域雑誌・タウン誌等

　地域雑誌・タウン誌等にも出版情報や収集資料の情報が掲載されることがあるので，必要な情報源になる。また，地域雑誌に掲載される研究論文には，参考文献や引用文献が紹介され，資料評価法の視点からも参考になる。

(4)　出版目録・出版情報誌

　次のような出版目録や出版情報誌には地域資料が紹介されるので，必要に応じて調べる必要がある。
・地方出版社の出版目録
・都道府県刊行物目録

(5)　東京の資料収集目録・収集情報

　東京都立図書館のホームページの「本・情報を探す→テーマ別調べ方案内→東京について調べる」から①〜⑤の情報が入手できる。
①　「東京情報を探す」
　歴史，地名，地図・地誌，人物・団体，行政，公報・例規，議会，統計，地価・路線価，図版，雑誌・新聞，類縁機関紹介に分けて資料を紹介している。
②　「クローズアップ都市・東京情報」

都政や東京のニュースや話題を取り上げ，インターネット情報と都立図書館の資料を紹介している。

③　「東京資料サーチ」

　東京資料サーチは，東京都や都内の区市町村の行政資料をはじめ，東京の地域に関する資料・情報を収集・提供している図書館・資料室の蔵書約 600 万冊を，一括して検索できるシステム。

④　『東京情報月報』（東京都立中央図書館）

　都立中央図書館の都市・東京情報担当が収集した東京都行政資料や地域資料の中から，最近 3 か月分の新着資料をご紹介している。1975 年 10 月に創刊し，2003 年 10 月（336 号）から「東京情報月報［インターネット版］」と改題した。

⑤　「東京都公立図書館住宅地図総合目録」

　区部・市部・町村部・島しょ部・旧市町村名に分けて自治体別の所蔵目録を表示している。

(6)　他県の資料収集目録・収集情報

　東京以外の地域資料情報は，県立図書館によって蔵書目録の傾向があるが，工夫が凝らされていて参考になる。特色的な事例として下記のようなものがある。

①　山形県立図書館

　「やまがたの情報」に次のような情報が掲載されている。

・山形県関係文献目録　・特定主題文献目録　・郷土資料参考図書

②　埼玉県立図書館

　「資料案内及び分野別ガイド→地域・行政資料（埼玉資料）」に埼玉関係所蔵リストと新着埼玉資料があり，埼玉関係所蔵

リストに次のような情報が掲載されている。

・住宅地図・ブルーマップ　・都市計画図　・地形図（2万5千分の1，1万分の1）　・迅速測図（明治期）　・埼玉県内電話帳所蔵状況　・埼玉県例規集・埼玉県報・自治体例規集・自治体議会会議録　・自治体統計書　・地価資料等

③　千葉県立図書館

「千葉県関係資料検索」に次のような情報が掲載されている。

・千葉県関連情報検索　・千葉県歴史関係雑誌記事索引検索　・千葉県関係新聞・雑誌記事索引検索　・千葉県関係人名索引　・千葉県域の地勢図・地形図　・千葉県立図書館所蔵住宅地図一覧　・千葉県関係ブックリスト　・千葉県関係資料案内

④　長野県立図書館

「本・資料を探す→郷土資料」に次のような情報が掲載されている。

・郷土の逐次刊行物（新聞／雑誌／紀要／県内市町村・公民館等広報）・貴重郷土資料（関口文庫，中村家文書，威徳院文庫，飯島文庫，丸山文庫）　・長野県郷土資料総合目録　・郷土ゆかりの作家

⑤　富山県立図書館

「郷土資料を探す→郷土資料情報総合データベース」に次のような情報が掲載されている。

・図書・雑誌検索　・県人文庫目録　・富山県ふるさと人物データベース

⑥　鳥取県立図書館

「鳥取県の情報」に次のような情報が掲載されている。

116

・鳥取県郷土人物文献データーベース　・鳥取の文学散歩
　・所蔵資料の案内　・統計資料所蔵状況
⑦　岡山県立図書館
　「資料紹介」および「デジタル岡山大百科→郷土情報ネットワーク」に次のような情報が掲載されている。
・テーマ別図書リスト（郷土資料部門）　・新着コンテンツ
　・岡山の人物　・絵図・古地図
⑧　長崎県立図書館
　郷土資料センター「長崎県の郷土資料」に次のような情報が掲載されている。
・長崎ゆかりの文学　・近現代資料　・行政資料
⑨　沖縄県立図書館
　「琉球・沖縄を知りたい→郷土資料について」に次のような情報が掲載されている。
・郷土資料ブックリスト
・県内市町村字史（誌）等共同所蔵目録

（7）　古書目録

　地域資料を収集するうえで必要なのは，新刊資料の情報だけではない。基礎的な資料として欠かせないものは，古書目録や古書の検索サイト等を利用して購入を検討しなければならない場合もある。

（8）　書誌・文献目録

　次のような書誌・文献目録は，レファレンスツールとして使えるだけでなく，必要に応じて資料の情報源になる。
・『都道府県別人物・人材情報リスト』（日外アソシエーツ）

・『地方史文献年鑑』（岩田書院）
・『地方史情報』（岩田書院）（http://www.iwata-shoin.co.jp/local/index3.htm）

(9)　その他

　以上のような情報源のほかに，下記のように利用者からもたらされる情報や地方出版社の見計らいも貴重な情報源である。利用者の中には資料や情報に詳しい人が存在するので，必要に応じて情報提供してもらうことによって，収集の幅が広がる。

・利用者からの情報
・見計らい

6.4 分担収集

　地域資料の種類で述べたように，地域資料は多様な資料を収集対象とする。それを1館のみで担当するには資料費や収容能力および事務量の点で限界がある。しかし，第2章で触れたように，「その地域内に関するあらゆる資料（情報）の収集と利用について，他に転嫁できない最終的な責任をもつ」という定義がある。この定義に照らし，地域の図書館が地域資料の収集に大きな期待を背負っていることは否めない。

　このような現実と理想の狭間で考えられる選択肢として，図書館相互協力を背景とした分担収集がある。分担収集した資料を相互利用することによって，地域内での収集能力とサービスの総合力を高めることができる。

(1)　図書館相互協力と分担収集

広域行政圏やブロックで図書館相互協力が成立している地域では，次のような分担収集が存在する。

① 分担保存で決められた分野別資料や特定資料について収集する

② 資料入手の段階で分野別主題資料を重点的に収集する

③ 重複購入を避け共同購入等の方法で相互補完的に分担収集する

(2)　相互補完的な分担収集

一つの自治体内に複数の図書館が存在する地域では，各館で分担収集している事例も見受けられる。小平市立図書館の事例については第 8 章で紹介するが，次のように地域資料の種類別に分担収集している。

【表6-1】　小平市立図書館の地域資料分担収集

館　名	資料の種類
中央図書館	特別文庫，古文書，地域の広告，チラシ
喜平図書館	郷土写真，郷土写真のデジタル化
上宿図書館	地域の新聞記事切り抜き
津田図書館	地域のポスター
大沼図書館	市内在住著作者資料

6.5　分担保存

分担保存は，『図書館用語集　4 訂版』（日本図書館協会, 2013）

に記しているように，「複数の図書館が保管・保存すべき資料の範囲を分担する図書館相互協力。収集の段階から分担をとり決める分担収集（中略）の方法と，それぞれの図書館が蔵書のうち利用頻度の少ないものの目録や現物を持ち寄って，複本を廃棄の上，分担保存・共同利用する方法」がある。

地域資料は，それぞれの図書館がその地域内に関するあらゆる資料（情報）の収集に責任をもつことによって分担収集が成立し，それを保存することによって分担保存が機能する。また，地域資料も書庫の収容能力の限界といった切実な事情により，複本の除籍や収集範囲の見直し等が行われるのは避けられない。

このような場合の対応策として，次の方法と手順がある。

(1) 書庫収容と分担保存

① 書庫の設備拡充
② 分担保存制度
③ 共同保存図書館（デポジットライブラリー）
④ 不要資料の廃棄
⑤ メディア変換

最も望ましいのは，書庫収容能力の強化を図ることであり，書庫の設備拡充である。計画的に準備をしておく必要があるが，財政的な問題から困難なことが多い。独自に設備拡充ができない場合の選択として，分担収集から分担保存を考える分担保存制度や共同保存図書館がある。以上の検討を経たうえで，所蔵資料の評価・更新・移管を検討し不要資料の廃棄やメディア変換を実施することになる。

（2） 公共図書館での分担保存

　欧米の図書館では実現している共同保存図書館は，日本では滋賀県立図書館が実施している共同保存事業が知られているものの，その他に具体的な検討が進んでいない。このような状況の中で，多摩地域における「NPO 法人共同保存図書館・多摩」の活動は注目される[47),48)]。

　東京都立図書館の組織再編に伴う蔵書の廃棄問題を契機として，東京都市町村立図書館長協議会を中心に多摩地域の図書館が共同保存図書館の検討を実施した。その報告書が次の資料である。

①　『多摩地域における共同利用図書館検討調査報告書』[49)]

　多摩地域の市町村において設置を検討した「共同利用図書館（共同利用・共同保存のための図書館）」について，資料の共同保存体制や，資料保存・利用システム等を含む具体的な運営方針について提言している（https://www.tamadepo.org/report/depositi-report-200803.pdf）。

②　『図書館のあり方に関する調査研究報告書』[50)]

　この報告書の中で「多摩地域の現状で触れたように，現在多摩地域では年間 50 万冊の除籍資料がある。また，東京都の図書館改革で東京都立図書館が地域分担から機能分担への変更や，複本制の廃止，協力貸出の一部制限などを打ち出したことにより，資料を多摩地域で共同保存し，住民への貸出による資料提供を保障しようという動きがある」と現状分析している。

　そのうえで，「その実現には都立図書館との協力関係が必要不可欠である。したがって，東京都立図書館と，東京の図書館サービスのあるべき姿や課題への取組の優先度などにつ

いて，必要な話し合いを行い，一体となって有効な手立てが
なされることを期待したい」と結論づけている。

（3） NPO法人共同保存図書館・多摩の活動

　この活動に当初からかかわり中心的に活動してきたのが，
「NPO法人共同保存図書館・多摩」（https://www.tamadepo.org/in
dex.html）である。その活動の目的は，「東京都多摩地域の市
町村立図書館の蔵書を地域内で長きにわたって利用し続けら
れるよう，同じタイトルは地域内で最低2冊は残していくこ
とを呼びかけています。そのために各図書館が除籍する資料
を中心に，必要な資料を共同で保存しいつでも提供できる仕
組みづくりをすすめています」としている。

　また，共同保存図書館・多摩は現在も継続して活動してお
り，次のような事業を展開している。
・多摩デポ講座
・多摩デポ通信　会の活動状況や共同保存図書館に関する情
　報提供のため年4回発行
・多摩デポブックレット　多摩デポ講座や記念講演の記録の
　刊行
・図書館資料の里親探し　多摩地域の市町村立図書館で除籍
　および寄贈を受けた資料を，必要としている公共図書館・
　学校図書館等を探し出し，譲渡の仲介を行う。
・多摩地域公共図書館蔵書確認システム　多摩地域図書館の
　図書の所蔵状況を検索する「多摩地域公共図書館蔵書確認
　システム」（通称：TAMALAS）を多摩デポとカーリルとの共
　同研究で開発した。
　現在のところ共同保存図書館の実現には至っていないが，

"東京都立図書館の除籍資料をそのまま廃棄していいのか？"
と問題提起した意義は大きい。この問題を契機に都立図書館
の廃棄資料と多摩地域の公立図書館の重複調査を実施し，多
摩地域全体で同一資料を最低2冊は残そうという意志確認が
できた。このことにより，共同保存図書館という施設はない
ものの多摩地域の共同保存システムは構築されたといえる。

6.6 コレクションの評価と再編

　蔵書の評価については，資料を収集するだけでは不十分で，
再評価して更新するとともにコレクションの再編成を図る必
要がある。
　利用者の資料ニーズを的確に把握し，時代の変化に応じて
継続的に収集に努めなければ資料の厚みが増さず，魅力ある
コレクションの構成を維持できない。常にコレクションの補
充を心がけるとともに蔵書の再評価を行い，生きた資料群を
維持しなければならない。
　そこで，次に高山正也・平野英俊編『図書館情報資源概論』[51]
に沿って，一般的なコレクションの評価方法を見ておきたい。

(1)　評価の目的
　評価の目的としては，次の2つがあげられる。
①　資料選択のプロセスや基準が適切であるかどうかを確認
　する。
②　不要な資料を選別し，コレクションを更新する。
　ただし，地域資料の場合は「その地域内に関するあらゆる
資料（情報）の収集と利用について，他に転嫁できない最終的

な責任をもつ」という原点に照らし，②の不要な資料の選別には慎重な判断が求められる。

(2) 評価の種類

　評価するうえで必要なことは，どのような観点から評価するかである。その観点として効果と効率があげられる。

　効果とは，サービスの目標が達成された程度であり，資料が入手できるかどうかが尺度になる。

　効率とは，達成に要した資源の程度であり，入手にかかった時間，費用が尺度になる。効率を評価するうえで必要なのがコスト意識であり，目標達成に要した資源の単位費用を費用対効果で測定する。

　具体的な評価の種類としては，次の3つがある。

① 定量的方法と定性的方法

　定量的方法とは，蔵書点数や年平均成長率によって評価する方法で，資料を集合体として把握する。

　定性的方法とは，蔵書の質を観察によって評価する方法で，個別的・部分的な評価に適している。

② 業務統計と調査統計

　業務統計とは，日常業務の記録を集計して作成する統計データであり，貸出統計に代表される。

　調査統計とは，特別な調査をして作成する統計データであり，来館者調査，住民調査などに使われる。

③ コレクションと利用

　コレクション中心評価法とは，コレクションに重点を置く評価法で，チェックリスト法に代表される。

　利用者中心評価法とは，利用者に重点を置く評価法で，貸

出統計の分析による利用状況の把握などに用いられる。

(3)　評価の基準

　一般的な評価の基準としては，「IFLA 公共図書館のガイドライン」[52]，「図書館の設置及び運営上の望ましい基準」，『日本の図書館』や『図書館年鑑』統計編の主要な統計データなどがあげられる。しかし，地域資料としては次のようなものが基準となる。

①　『公立図書館における地域資料サービスに関する実態調査報告書』[40]

②　『地域資料に関する調査研究報告書』[39]

③　『多摩地区公立図書館地域資料業務実態調査報告書』[53]

(4)　コレクション中心評価法

　評価の種類の③に取り上げたコレクション中心評価法の具体例を示すと，次のようなものがあげられる。

①　コレクションの統計（蔵書冊数，年間増加冊数，年間廃棄冊数，雑誌購入数など）

②　コレクションの評価指標

　　蔵書密度＝蔵書冊数÷サービス対象人口

　　蔵書新鮮度＝年間増加冊数÷蔵書冊数

　　蔵書成長率＝（評価時点の蔵書冊数－前の時点の蔵書冊数）÷前の時点の蔵書冊数

③　チェックリスト法（基準となる資料のリストと比較して点検する）

④　チェックリストの事例

・全国書誌・販売書誌・選択書誌・主題書誌・索引誌・抄録

誌など
・総合目録や他館の所蔵目録
・出版社や古書店の出版目録や販売カタログ
・引用文献リスト
⑤　専門家による評価（コレクションの観察評価法）

(5)　利用者中心評価法

　利用者中心評価法としては，次のようなものがあげられる。

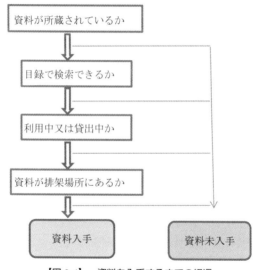

【図6-1】　資料を入手するまでの経過

①　貸出統計の分析
　　貸出密度＝貸出延べ冊数÷サービス対象人口
　　蔵書回転率＝貸出延べ冊数÷蔵書冊数
②　利用可能性の調査（総合的な図書館評価）

③　利用者調査（来館者によるコレクション評価）

（6）　行政評価（事務事業評価）

　自治体の行政評価の方法として事務事業評価がある。図書館も行政組織の一部分なので事務事業評価の対象になり，レファレンスや地域資料に関する事業が評価対象に取り上げられることもある。

　しかし，須賀千絵「公共図書館における計画と評価」（『公共図書館運営の新たな動向』）[54]に述べられているように，図書館サービスの評価は困難である。「どこまでが図書館サービスによるアウトカムなのか判断することは難しい」し，「地域資料を収集することのアウトカムなどは次世代にならないとわからないかもしれない」としている。また，「継続的に評価に取り組んでいくには，過度に評価を精緻化しないことも重要である」と説明している。

　効果的で継続可能な評価を心がけるとともに，地域資料の評価は事務事業評価のように単年度の評価基準では測れないこともあり，長い目で見ていく必要がある。

7章 資料の組織化

　ここでは，収集した地域資料を整理し活用するための方法と技術について説明する。

7.1 情報資源の組織化

(1)　資料の組織化

　『最新図書館用語大辞典』（柏書房，2004）は，資料組織化を「情報や資料を利用者の求めに応じて，速やかに提供できるように，資料を分類・整理して配架するとともに，目録・索引等を整備すること」と定義している[85]。

　資料組織化とは，収集した資料を分類・整理するとともに，必要な情報資源を確実に入手できるように目録や索引を作成して検索環境を整備することである。

(2)　図書館サービス

　図書館サービスは，利用者に資料や情報を提供するパブリックサービスと，収集・組織化・保存といったテクニカルサービスに分けられる。

　パブリックサービスは貸出・閲覧・レファレンスサービス・予約サービスなどの利用者に直接かかわるサービスで，テクニカルサービスは直接サービスを支えるための準備作業や利

用を保障するための技術的サービスといえる。図式化すると図7-1のようになる。

　この章で扱うのは，テクニカルサービスに含まれる組織化に関する部分である。

```
                    ┌──────────────────┐
                    │  図書館サービス  │
                    └──────────────────┘
```

テクニカルサービス（間接サービス）
・収集（選書，発注，受入など）
・組織化（整理・検索のための準備）
・保存（蔵書管理，補修など）

パブリックサービス（直接サービス）
・提供（貸出，閲覧，レファレンスサービス，予約サービスなど）

【図7-1】　図書館サービスの種類

7.2 整理マニュアル

　図書館の資料を整理するうえで欠かせないのが，『日本目録規則』であり，『日本十進分類法』である。地域資料の整理にも基本的にこれらの資料が使われるが，長澤規矩也『図書館における郷土資料整理法』[55]に説かれているように，地域資料には地域資料特有の整理法と整理マニュアルが必要になる。

　しかし，利用している図書館システムやコレクションの特色および運営方針などが多様で，汎用的なマニュアルを提示することは困難である。そこで，小平市立図書館の実践の過程で作成した整理マニュアル類の概要を以下に紹介する。実際に地域資料の組織化を進め，事業を継続するためにはマニュアルの整備が欠かせない。実践事例は各地に数多く存在しマニュアルも作成されているので，これらを参考にして自館

の状況に対応したものを作成することが望まれる。

(1)　地域資料登録規則

　小平市立図書館の目録作成は 1965 年版の『日本目録規則』
を典拠としたカード目録に始まり，カナデータの印刷目録，
大阪屋 MARC によるオンライン漢字目録，1989 年版の日本
目録規則を典拠とした TRC-MARC によるオンライン目録と
変遷してきた。この間蔵書管理システムは，JIP の LM2000
によるバッチ処理から，日立の LIMSEK・LOOKS，IBM の
CLIS/ 400，NEC の LiCS-Re へと推移している。

　このような推移の中で，書誌の登録画面の変化に対応した
登録規則の必要性が生じ，小平市立図書館で地域資料登録規
則を作成したのは 1989 年 2 月である。書誌の記入は『日本
目録規則　1987 年版』[56] に準拠し，日立の図書館システム
LIMSEK に対応したものであった。その後，システム変更に
伴って 2003 年 7 月と 2017 年 4 月および 2019 年 4 月に改訂
している。参考までに次に最新版の目次を示す。

【資料 3】────────────────────────
『地域資料登録規則』目次

【総則】	3.6　価格
0.　規則の適用	3.7　資料区分
1.　目録の準拠	3.8　MARC 区分
【記録の構成】	3.9　分類，地理区分
2.　記録の構成	3.9.1　NDC 1
2.1　タイトル情報の構成	3.9.2　NDC 2
2.2　基本情報の構成	【付属情報】
2.3　付属情報の構成	4.　付属情報
2.4　サブタイトルの構成	

2.5　人名の記録
2.6　件名の記録
2.7　内容の記録
　　【タイトル情報】
3.　　基本的な記録事項
3.0　通則
3.0.1　記録の情報源
3.0.2　記録の方法
3.0.2.1　転記の原則
3.0.2.2　数字の記録
3.0.2.3　誤記，誤植の記録
3.1　タイトルの構成
3.2　書名の記録
3.2.1　書名の巻次
3.2.2　団体名の補記
3.2.3　書名中の数字の記録
3.2.4　部編，巻次，回次，年次，
　　　版次，巻次トレースの記録
3.2.5　タイトルの区切り
3.3　責任表示
3.3.1　2名以上の著者表示
3.3.2　肩書等の省略
3.3.3　団体名
3.3.4　地方公共団体
3.3.5　教育施設
3.4　出版事項
3.4.1　出版者
3.4.2　出版地
3.4.3　出版年月
3.5　形態事項
3.5.1　ページ数
3.5.2　サイズ

4.1　言語区分
4.2　装丁区分
　　【サブタイトル】
5.　サブタイトル
5.1　副書名
5.2　リーズ名
5.3　各巻書名
5.4　内容細目
5.5　版書名
　　【件名】
6.　件名の構成
6.1　件名の記録
6.2　件名の準拠
6.3　件名の区切り
　　【内容】
7.　内容の記録
7.1　一般注記
7.2　付属資料
　　【ローカル情報】
8.　ローカル情報の構成
8.1　資料情報の構成
8.1.1　請求記号区分
8.1.2　資料種別
8.1.3　別置区分
8.1.4　分類
8.1.5　保管場所
8.1.6　禁帯区分
8.1.7　受入区分，受入先
8.2　資料修正
8.3　コメント
8.4　寄贈者情報

　これは目次だけなので，次に具体的な記述についての留意

点を説明する。

・「2. 記録の構成」はシステム更新に伴って登録画面が異なる場合があることから，新しいシステムに対応して変更する必要がある。

・「3. タイトル情報」は，地域資料に対応して具体的な記入例を示す必要がある。

・転記の原則は，行政資料のように定期的に刊行される年次報告等は転記して書誌作成するが，年次によってタイトル表示の異なるものがあるので，書誌を統一するために注記と記入例が必要である。

・書名は，タイトルが書名の一部として記録されている巻次・年次等の記入，書名だけでは同定識別できない書名のヨミの表記，和暦のヨミの表記，タイトル標目の区切り記号法等について記入法を注記し，記入例をあげる。

・巻次は，巻次・回次と年次の双方が表記されているとき，同一年次の資料が 2 分冊以上あるときの記載順序や記入例を示す。

・著者表示は，団体名の表記の統一を図る必要がある。特に地方公共団体の名称は部課係まで表記してあるものがあるが，名称（市町村名）を標目にするのが基本であり，付属機関や出先機関は団体名を冠した名称を標目とする。しかし，TRC-MARC の典拠ファイルを見ていても，○○市役所や○○市役所教育委員会といった表記や係名まで標目にしている例が数多く見受けられる。自館が所属する地方公共団体は課名，都道府県の名称は局名を標目としても，その他は市町村名で十分だと思われる。また，随時典拠ファイルを確認して書誌統一を図ることが求められる。

・団体名・出版社は，著者表示と同様である。
・「3.9　分類」は，独自分類や地理区分を採用している図書館があることから，記入の順序や地理区分の表記方法を決めておく必要がある。
・「5. サブタイトル」は，地域資料の場合特に重要である。全集・合集および雑誌や論文集に収録されている著作物の書名・著者名が検索できなければ，資料を十分に活用できない。必要に応じて入力すべきである。
・「6. 件名」は，一般件名・個人件名・書名件名に区別し，件名典拠ファイルを確認して件名標目の統一を図る必要がある。

(2)　地域資料整理マニュアル

　地域資料の全国調査でも明らかなように，地域資料担当者の数が限られているばかりでなく，兼任や嘱託職員など職種も多様である。また，人事異動によって担当者の交代も避けられない。このような事態に対応し，地域資料事務をスムーズに引き継ぎ，基本的な水準を維持するためには，事務手続きを定めたマニュアルが必要不可欠である。

　地域資料整理マニュアルは，受入・登録・排架の事務処理と登録規則に記載した原則以外の細かい約束事を追加している。書誌の登録は登録規則に規定するが，寄贈図書の受け入れ手順や請求記号・別置記号・装備・蔵書印・排架といった整理の手順は別に決めておく必要がある。そこで，登録規則と並行して2003年7月に作成し，2017年2月に改訂している。具体的な記載内容は次の目次のとおりである。

【資料4】────────────────

『地域資料整理マニュアル』目次

平成 29 年 2 月 15 日改訂

Ⅰ．受入・登録・排架の事務処理

Ⅰ－1　寄贈図書　　1

　1）　ルート　　1

　2）　受入の基準　　1

　3）　受入冊数　　1

Ⅰ－2　購入図書　　2

Ⅰ－3　重複調査および請求記号　　2

Ⅰ－4　表紙・背文字欠落本　　3

Ⅰ－5　背ラベル，資料番号バーコード，館シール　　3

Ⅰ－6　K マーク　　4

Ⅰ－7　整理を急ぐ資料　　5

Ⅰ－8　フィルムコーティング　　5

Ⅰ－9　蔵書印　　5

Ⅰ－10　書誌作成の手順　　6

Ⅰ－11　蔵書データの入力　　6

Ⅰ－12　排架　　6

Ⅰ－13　地域資料の排架区分変更手順　　8

Ⅱ．目録メモ

Ⅱ－1　転記の原則と補充・削除　　9

Ⅱ－2　団体著者名　　11

Ⅱ－3　ページ付の表示　　12

Ⅱ－4　付図の扱い　　12

────────────────

134

この整理マニュアルの要点は次のようなものである。

・受入・登録・排架の事務処理には，行政資料等の寄贈図書
　がどのようなルートで送られてくるかを記す。それらの資
　料をどのように受け入れるかを，行政資料・図書館に関す
　る資料・文書館に関する資料・地域資料目録・大学の紀要・
　文学関係に分けて記す。受入冊数は，小平市刊行の資料・
　三多摩関係の資料・東京都の資料・区部島しょ部の資料・
　シリーズ・調べものに使う資料に分けて記す。
・購入図書は受け入れ先のコードを記入。
・表紙・背表紙欠落本は，装備の方法を記入。
・背ラベル・資料番号バーコード・館シール，Ｋマーク，蔵書
　印は，それぞれを貼る位置について説明し，図示する。
・整理を急ぐ資料は，資料の登録・装備の優先順位を記す。
・書誌作成の手順は，作業の手順を示し，作業ごとにシステ
　ムマニュアルのどこに説明が書いてあるかを記入。
・排架は，地域資料室・閉架書庫・２階カウンター・電話帳別
　に手順と別置などの方法を記入。
・目録メモは資料登録の補足事項で，転記が中心となる予算
　書・決算書，議会会議録，市報・広報，小・中学校の教育
　計画および研究紀要，環境影響評価書，団体名を補う書名
　等をあげて，記入方法を詳しく記す。
・団体著者名は，小平市の図書館の名称・教育委員会・小中
　学校・上部組織名の省略等を記入。
・ページ付の表示は，ページ数の数え方や表記方法を記す。
・付図の扱いは，図書本体につけて整理するものと切り離し
　て整理するものに分けて，その区別方法と装備の仕方を記
　す。

(3) 新聞記事登録規則

　新聞記事については，図書館システムに新聞記事登録画面を作成したことに伴い，2003 年 7 月に作成し，2013 年 8 月と2017 年 2 月に改訂している。

　新聞記事登録規則の最新版は下記のとおりである。

【資料 5】 ─────────────────────

小平市新聞記事登録規則

平成 29 年 2 月 15 日改訂

【総則】

0.　この規則は新聞記事の登録に適用する。

1.　書誌の記入は，『日本目録規則　1987 年版改訂版』に準拠し，登録手順は「新聞記事データ編集マニュアル」および「新聞記事切抜 HP 掲載手順」で定める。

【記入項目】

2.　新聞資料の登録項目は，以下の項目から構成する。

　　① 　分類
　　② 　標題
　　③ 　紙名
　　④ 　日付
　　⑤ 　刊
　　⑥ 　版
　　⑦ 　紙面頁
　　⑧ 　抄録

【抄録】

3.　抄録，記事区分，地域区分，記事№受入日を基本的な書誌事項とする。

3.0　通則

　　記述は原則としてその記事の見出しおよび記事の内容を参照し
て記入する。

3.1　抄録

　　抄録は，原則として記事の見出しおよび記事の内容を参照して，
以下の項目および順番で摘要を記入する。但し，②と③の間は 1
スペース空ける。また，④と同一の場合⑤は省略する。

①　何を

②　どうした

③　いつ

④　どこで

⑤　だれが

　　抄録および投書者に関する事項においては，数字はそのままの
形で記入する。但し，抄録の中の「いつ」は，アラビア数字で年月
日を記入する。その他の書誌的事項においては，数量とか順序な
どを示す数字はアラビア数字とする。

3.2　人名・団体名等の表記

　　人名の表記は人名典拠に基づいて記入し，姓と名の間に 1 字分
のスペースを空ける。

3.2.1　肩書等の省略

　　識別上必要な場合以外，つぎのようなものは省略する。

①　人名の場合：役職名等の肩書，所属団体名やそのイニシアル，
　ならびに郷貫，号，字，居住地など。

②　団体名の場合：団体名の冒頭に表示されている法人組織等を
　示す語。

3.2.2　団体名

団体の名称が内部組織を含めて資料に表示されているときは，

原則としてその内部組織を省略した名称を記入する。

　　　「立川市企画部広報課」　→　立川市

3.2.2A　地方公共団体

①　東京都は局名まで，小平市は課名までを記入する。

②　その他の地方公共団体はその名称（市町村名）を記入する。

　　　田無市役所　→　田無市

③　地方公共団体の付属機関および出先機関は，地方公共団体名を冠した名称を記入する。

　　　「東京都教育庁社会教育部」　→　東京都教育委員会

　　　田無市教育委員会　田無市議会事務局　田無市中央図書館

3.2.2B　教育施設

①　大学・学校等の教育施設は，その学校名等を標目とする。

②　大学の学部・学会および記念誌等の編集委員会や刊行会は，大学名を記入する。

　　　「法政大学教養部」　→　法政大学

　　　「日本大学理工学部一般教育教室」　→　日本大学

　　　「青山学院大学教育学会」　→　青山学院大学

　　　「明治大学教養論集刊行会」　→　明治大学

③　大学に付属または付設する学校，図書館，博物館，研究所，試験所，病院等は，それぞれの施設名を記入する。

　　　「国学院大学考古学資料館研究室」

　　　　　→　国学院大学考古学資料館

3.3　年月日

　　年月日の表記は，アラビア数字で西暦の年月日とする。

　　　1986 年 3 月 1 日〜3 月 15 日

3.4　投書者名

投書および投稿記事の場合は，人名表記に従って姓名を記入する。

新聞記事登録規則の最大の特徴は，新聞記事の見出しではなく抄録をとることである。ただし，新聞記事には団体名の正式名称を載せずに略称や部分名称で記されていることがある。これでは書誌統一が図れず，必要な記事が検索できない。そこで，団体名の標目について詳細に記入してある。

また，地域資料分類をつけることによって分類ごとの記事検索が可能になっている。

これらのことによって，新聞記事の見出しには著作権があるとする新聞社の主張にも配慮して，小平市立図書館は見出しをそのまま使わずに，オリジナルな記事データベースを作成している。

(4) 郷土写真資料収集保存事業の手引・定点撮影事業マニュアル

郷土写真資料収集保存事業の手引は 1984 年 4 月に作成し，79 ページの冊子に製本している。その他に撮影地点の縮小に伴って改定した 2013 年 1 月制定の定点撮影事業マニュアルがある。

7.3 受入と資料の装備

資料収集方針に従って資料を収集しただけでは，図書館資料として利用できない。そこで，受入・登録・装備といった

作業が必要になる。これらの作業は一般図書と同様な部分が多いので、詳細は「情報資源組織法」のテキストや『図書館ハンドブック』に譲り、ここでは作業の流れと概要を確認するに留めたい。

(1) 納品と検収

資料を発注して納品されたら資料を検収してコンピュータに書誌登録しなければならない。最近では、発注から検収までの事務処理をコンピュータ管理し、MARC つきで図書装備された資料が納品されるようになっている。

ただし、地域資料は行政資料などのように寄贈や移管・会員配布等によって未発注のものが素納品される場合が多いので、自館で登録・装備が必要になる。

(2) 検収・登録のポイント（装備込みの場合）

装備込みで納品される資料について、検収・登録のポイントをあげると次のとおりである。

① 落丁、乱丁、破損、汚損の確認

② 付属資料、添付資料、複合媒体資料の確認

③ 版表示の確認

④ 重複納品の確認

⑤ 部数の確認

⑥ 装備の確認

⑦ 書誌情報の確認（バーコードチェックによる MARC の確認）

⑧ ローカルデータの確認（所蔵館の確認、別置シールの貼付）

⑨ 書類（納品書、請求書、見積書など）の記載事項の確認

(3) 装備の方法

装備の方法は資料や図書館によって異なるが，一般的な装備をあげると次のとおりである。

① 所蔵表示：図書館資料を財産として管理する所有者を示す表示，蔵書印，登録印，隠し印，小口印，バーコード，IC タグ

② 排架表示：排架位置を示す表示，ブックラベル（請求記号，別置記号など）

③ 貸出記録：資料の貸出記録に必要な装備，ブックポケット，返却期限票，バーコード，IC タグ

④ 資料保護：運用上必要な資料の保護や補強，開きぐせ，フィルムカバー

⑤ その他：正誤表，挟み込み資料，ブックケース，ジャケット

(4) 一枚物の地図とパンフレットの装備

一枚物の地図やチラシなどのパンフレットは，装備が困難で手間がかかることから，未装備のまま地図ケースやファイリングキャビネットに収納されている事例が見られる。場合によっては段ボール箱に入れて書庫の片隅に積み上げられていることもある。

これでは，利用しにくいだけでなく，書誌登録もできていない状態で放置されていて，担当者がいなければ資料の存在すらわからないこともある。少なくとも，書誌登録されていない資料は，図書館資料とはいえない。

そこで，小平市立図書館では一枚物の地図とパンフレットの装備方法を考案し，実践しているので紹介したい。

小平市立図書館では市販の都市地図のケースを参考にして，厚紙でパンフレットケースを作成した。一枚物の地図とパンフレットはそのケースに資料を入れ，ケースはフィルムカバーで装備して書誌登録し，写真のように書架に排架している。

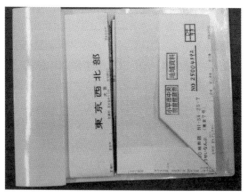

【図7-2】　地図ケース

また，チラシの一部は『容器に入れる』[70)]に紹介されているフィルム・エンキャプシュレーションによって装備している。ポリエステルフィルムで作製した透明なフィルムに封入することによって，資料を出し入れせずに使えるので便利である。

7.4 情報資源へのアクセス

図書館は多種多様な資料を所蔵している。このような情報資源を確実に入手できるようにするために資料を組織化する技術的な業務がテクニカルサービスである。組織化することによって目的の資料を検索し，情報資源を探し出し，利用できるようになる。その検索の手がかりとなる検索方法を理解しておくことは，資料組織化を進めるうえで大切である。

情報資源検索の方法には次の2つがある。

1）特定資料検索（タイトル，著者名，出版社，出版年などからのアクセス）

求める資料が特定されていて，所蔵されていることを確認する検索方法である。

2）主題検索（キーワード，件名，分類記号からのアクセス）

求める内容やテーマから知りたい情報を探す検索方法である。

MARC を利用して書誌登録する一般資料の場合は，これらの主題項目についても自動的に入力されるが，地域資料は自館作成しなければこれらの主題検索ができない。キーワードは書名や著者名等およびそのヨミが入力されていれば検索可能であるが，件名や独自分類・地理区分などは入力漏れや入

力間違いおよび典拠ファイルの確認等が必要になる。

　小平市立図書館の事務用の検索画面では地域資料や参考図書に限定した検索が可能であるが，WebOPAC では地域資料や参考図書への絞り込み検索ができないのは不便である。汎用のシステムを変更するのは難しく，システムメーカーの説明によると，地域資料や参考図書は資料種別ではなく請求記号区分だということらしい。しかし，地域資料分類表の分類番号をクリックすると一覧表が表示されるのはなぜかと尋ねると，それは分類を検索して表示するということである。

　そこで，小平市立図書館の WebOPAC で検索してみる。キーワード「小平市」とすると 6,356 件，分類「B1」を追加すると 22 件で，分類の代わりに件名「小平市－歴史」を入れると 9 件となる。分類「B1」の検索結果には，『小平町誌』，『郷土こだいら』，『小平市三〇年史』，『小平市史』といった必要情報が網羅されているが，件名「小平市－歴史」で検索したものには『小平市史』関係資料しか表示されない。これは，古い書誌には件名が入力されていなかったり，件名典拠の統一がされていなかったりする結果である。

　このことから，「7.8　地域資料の書誌修正」で述べるように日常的に書誌修正を心がけ，専門知識を活かした地道な作業が必要になる。

7.5 地域資料の分類

　『公立図書館における地域資料サービスに関する実態調査報告書』[40]で分類方法について調査し，主題区分と地理区分の優先について尋ねている。その結果，都道府県では主題区

分と地理区分を用いているのは 70.2％，地理区分をしていないのは 6.4％，市区町村では主題区分と地理区分を用いているのは 37.5％，地理区分をしていないのは 52.0％となっている。都道府県では地理区分をしていないのが 6.4％で，区市町村では 52.0％であることから，収集範囲に違いがあるように見られる。ただし，主題区分を優先するところでも大半は NDC 準拠の主題分類を用いている。

（1）分類表

　全国的に見て NDC に準拠しない独自分類を採用している事例は稀である。主題区分と地理区分を併用した独自分類として，『地域資料入門』[1)]にも紹介したように，三多摩郷土資料研究会が作成したアルファベット 1 文字と数字 1 文字を組み合わせた分類表がある。この分類表は C・H・X を空けて拡張性を担保し，Z に特別コレクションを位置づけているのが特色で，自治体ごとに別置したいテーマを分類表の Z に組み込めるようにしている。

　基本的には NDC の主綱表に沿って展開しているが，「B 歴史」と「D 地理」を独立させ，「E 民俗」に宗教を加えた。F から P は社会科学に含まれる概念を主綱表に組み込んだ行政資料を中心とした分類で，基本的に行政組織に沿った主綱目を NDC にならって細区分している。P は文化施設を主題に分けずにここにまとめている。Q から Y は自然科学から文学を NDC に沿って展開している。

　表 7-1 は，小平市立図書館で用いている地域資料分類表である。

【表7-1】　地域資料分類表

A	B	C	D
0　図書館	0　歴史総記		0　歴史地理
1　書誌・目録	1　通史		1　地理（地誌）
2　事典	2　史料集・古		2　案内記・紀
3　論文・雑著	文書		行
4　年鑑・雑誌	3　原始時代・		3　地名
5　団体・機関	考古学		4　地図
6　新聞	4　古代・中世		5　街道
7　叢書・全集	5　近世		6　史跡
	6　近代		7　文化財
	7　昭和史		
	8　戦後史		
E	**F**	**G**	**H**
0　民俗総記	0　議会史	0　行政組織・	
1　風俗誌	1　法規・先例	機構	
2　衣食住の習	集	1　基本構想・	
俗	2　議会報	沿革	
3　社会習俗	3　議事録	2　事務報告書	
4　祭礼・年中	5　政党・政策	3　行政事務・	
行事	6　選挙	監査	
5　民話・伝説	7　選挙記録	4　広報	
6　民謡・わら		5　世論調査・	
べ唄		広聴	
7　方言・こと		6　公務員・人	
わざ		事行政	
8　民間信仰			
9　宗教			
I	**J**	**K**	**L**
0　財政政策	0　経済政策	0　統計総記	0　社会・生活
1　予算・決算	1　所得	1　一般統計書	総記
2　租税	2　人口・土地	2　人口統計・	1　地域社会
3　公債・地方	3　物価	調査	2　生活・消費

146

債 4　公有財産	4　金融・保険 5　経済政策	3　国勢調査	者問題 3　家庭問題 4　家政・料理 5　社会病理 6　警察 7　消防 8　基地・平和 　問題
M 0　労働総記 1　労働行政 2　労働条件・ 　賃金 3　労働運動	**N** 0　福祉厚生総 　記 1　福祉行政 2　生活保護 3　老人福祉 4　心身障害者 　福祉 5　児童福祉 6　社会保険	**O** 0　教育総記 1　教育行政 2　教育史・学 　校史 3　学校名簿・ 　要覧 4　学校経営・ 　管理 5　学校保健・ 　給食 6　教育課程 7　社会教育 8　障害者教育	**P** 0　文化施設総 　記 1　公民館 2　児童館 3　コミュニテ 　ィーセンター 4　博物館・文 　書館 5　美術館 6　体育施設
Q 0　自然科学総 　記 1　数学 2　天文 3　地学・気象 4　生物 5　植物 6　動物	**R** 0　土木・建物 　総記 1　道路・橋梁 2　河川 3　建築	**S** 0　都市施設総 　記 1　都市政策・ 　生活 2　上下水道 3　エネルギー 4　公園・緑地	**T** 0　保健衛生総 　記 1　保険衛生行 　政 2　医療施設・ 　活動 3　防疫 4　食品衛生・ 　栄養 9　清掃

U	V	W	X
0　公害総記	0　産業総記	0　交通総記	
1　大気汚染	1　産業行政	1　交通史・事	
2　水質汚濁	2　公共事業	情	
3　土壌汚染	3　社史（誌）	2　交通行政	
4　騒音・振動	4　農水産業等	3　道路交通	
5　産業廃棄物	5　林業	4　鉄道交通	
8　災害	6　商業	5　観光	
9　防災	7　工業	6　通信	
Y	Z		
0　文学総記	1　玉川上水		
1　詩歌	2　新田開発		
2　小説	3　鷹場		
3　随筆	4　代官		
4　文集	5　戦災		
5　特定文学者	6　新選組		
8　美術			
9　写真			

(2)　地理区分

　NDC は主題区分と地理区分を分けていないが，地域資料は地理区分を優先して分類しているところがあるほど地理区分は重要である。しかも，地理区分を独立させることによって主題分類が簡単で単純にできる。このことから地理区分を独立させた。

　地理区分は基本的に 2 桁展開とし，0 に東京・武蔵野・多摩の広域区分を配し，09 に姉妹都市を置いている。1 は当該自治体とし，順次隣接部から遠隔部に展開する。2 から 5 は旧郡ごとに分け自治体名のヨミ順に配列し，6〜8 は区部と島し

ょ部および隣接県，9は全国を地方区分し，99に外国を入れた。2桁目のゴシック部分の0は当該区域の全域を示す。

10の当該自治体は，必要に応じて町丁名や歴史的地名に細分することができる。

表7-2は，小平市立図書館で用いている地理区分表である。

【表7-2】　地理区分表

00	東京（江戸）	40	南多摩	60	区部	85	島しょ部
01	武蔵	41	稲城市	61	足立区	87	埼玉県
02	武蔵野	42	多摩市	62	荒川区	88	神奈川県
03	多摩	43	八王子市	63	板橋区	89	山梨県
09	姉妹都市	44	日野市	64	江戸川区	90	日本
10	小平市	45	町田市	65	大田区	91	北海道
20	北多摩	50	西多摩	66	葛飾区	92	東北
21	昭島市	51	あきる野市	67	北区	93	関東
22	清瀬市	53	青梅市	68	江東区	94	北陸
23	国立市	54	奥多摩町	69	品川区	95	中部
24	小金井市	55	羽村市	70	渋谷区	96	近畿
25	国分寺市	56	日の出町	71	新宿区	97	中国・四国
27	狛江市	57	檜原村	72	杉並区	98	九州・沖縄
28	立川市	58	福生市	73	墨田区	99	外国
29	西東京市	59	瑞穂町	74	世田谷区		
30	調布市			75	台東区		
31	東久留米市			76	中央区		
32	東村山市			77	千代田区		
33	東大和市			78	豊島区		
34	府中市			79	中野区		
36	三鷹市			80	練馬区		
37	武蔵野市			81	文京区		
38	武蔵村山市			82	港区		
				83	目黒区		

7.6 排架

　書架整理が行き届いている図書館は資料が探しやすく使いやすいだけでなく，利用者の気持ちを落ち着け，居心地のよい図書館を印象づける。魅力的な蔵書構成と相まって排架は図書館の顔ともいえる。

(1)　資料の種類別排架

　排架は基本的に分類順に並べるのが原則であるが，地域資料は「6.2　地域資料の種類」で述べたように多様な種類のコレクションが存在する。記録資料と非記録資料および印刷資料と手書き資料に同じ分類体系を与え，同じ場所に排架するのは不合理である。また，印刷資料でも新聞切り抜きの原紙，一枚物の地図，リーフレット・パンフレット，絵葉書，版画，かるたといった形態の資料を混配するのは不都合である。何よりも資料が探しにくく，使いにくく，保存しにくくなるのは問題である。

　このようなことから，地域資料は資料の種類別に別置して排架することになる。新聞切り抜きの原紙やリーフレット・パンフレット，絵葉書，版画，かるた等はファイリングキャビネットや保存箱に収納し，一枚物の地図は地図ケースやマップロッカーに所蔵するといった方法である。

(2)　書架整理

　図書形態の印刷資料は，一般書と同様に装備して開架書架に排架し利用に供することになる。資料の紛失を憂慮して閉架書庫や鍵のかかった部屋に入れて管理している図書館が見

られるが，利用されてこその図書館資料であることから，本末転倒の感が否めない。

　開架で管理すると排架が乱れて，随時書架整理が必要になることは仕方がない。地域資料は，ソフトカバーで薄い行政資料が数多く含まれることから，パンフレットボックスや分類の見出し板を用いて整理するとともに，サインに配慮する必要がある。

　また，資料が紛れて探しにくくならないように，整架に努めることが大切である。下図のように書架が乱れていては，利用したい気持ちが削がれるので，次のような基準に従って整理したい。

① 　分類順に並べる
② 　同じ分類の中で，大きさ順に並べる
③ 　資料の背は棚板の手前に揃える

（3）　排架の例

　次の図のようにすべて同じ分類でまとまっていても，整架がなされていないと資料が探しづらいのがわかる。

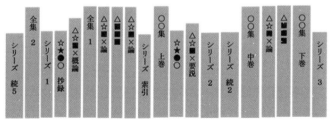

【図7-3】　未整架の状態

請求記号順，大きさ順に揃え，さらにシリーズや上下巻で揃えることにより整然と排架され，資料が探しやすくなる。

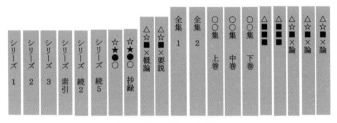

【図 7-4】　整架した状態

7.7 索引の作成

蔵書管理システムや MARC の充実によって，情報資源の検索機能は格段によくなった。書誌目録の表示だけでなく内容細目や注記が表示され，資料の概説や目次・収録論文等がアクセスポイントとなり検索できる。また，電子資料やデジタルコンテンツの普及によって，全文がキーワード検索可能になっている。このような状況を背景に地域資料のデジタルアーカイブ化が進んでいる。

しかし，図書館は従来から資料の活用を図るために地域資料の索引作成を実施してきた。その積み重ねのうえに現在があることを考えると，これらの取り組みを知っておくことも必要なので，次に小平市立図書館の事例を紹介する。

(1)　郷土資料索引
① 　『郷土こだいら総索引』（小平市中央図書館，1989）
② 　『小平町誌総索引』（小平市中央図書館，1990）

152

③　『小平事始め年表・索引稿』(小平市中央図書館, 1991) 〔2,474
　項目〕

　これらの索引は 1989 年から 1991 年にかけて作成したもの
で, 地域資料のレファレンスツールとして使われている。『郷
土こだいら』(小平市教育委員会, 1967) と『小平町誌』(小平町,
1959) は小平市の通史で, 歴史を調べるために不可欠の資料
で利用頻度が高い。そこで, 図書カードに KWIC (Key-Word
in Cotext) 索引方式で索引項目を記入し, ①, ②は事項・人名・
特定件名 (図表・写真等) の項目別に五十音順排列して作成し
た。

　③は小平で「どのような事がいつ始まったのか」,「どのよ
うな事件および事故がいつ起こったのか」といった, 起源に
関する年表を作成し, 年表の索引をつけたものである。『郷
土こだいら』,『小平町誌』,「小平町報・市報」をはじめ小・中
学校の沿革史等 101 点の資料を調査して年表を作成した。年
表には典拠と収載ページを明記して, 五十音順の件名・人名
索引をつけた。

　作成した図書カードの枚数は, ①が 12,000 枚, ②が 15,000
枚である。

(2)　『新編武蔵風土記稿索引　多摩の部』(たましん地域文化
　財団, 1997)

　これは, 三多摩郷土資料研究会として取り組んだ事業で,
1988 年に着手してから 9 年をかけて完成し, 1997 年 1 月に
刊行している。三多摩各市の担当者が分担して『新編武蔵風
土記稿』の索引カード作成にあたった。それをパソコンに入
力して, データの確認と修正を繰り返し, 最終的に 17,000 枚

のデータを入力したのである[57), 58)]。

　これだけの年月がかかった理由は，途中で編集方針を変えたことにある。作業を開始した時点では雄山閣版を使ったが，内閣文庫に所蔵されている写本（浄書稿本）の存在が確認されたのを契機に，底本を浄書稿本としたこと。その影印本を含めて今までに印刷出版された 5 種類の版を網羅的に検索できる索引としたこと。この 2 つの理由による。

　この本は，地名，人名（幕臣・僧侶・その他），寺社，一般事項（山野・動植物・河川・水利・交通・生活・産物・建物施設・名所旧跡・什宝），絵図・挿絵，史料，引用文献の項目別に配列し，付編として現行市町村別村名一覧・索引と「新編武蔵風土記稿」所収村名地図を新たに作成して付け加えた。総ページ数は 478 ページである。

　今でも地域資料の基本文献であるとともに，歴史研究に欠かせない資料として評価されている。

(3)　『小平市史索引』，『小平市史年表』（小平市，2014）

　小平市史編さん事業で作成したものであるが，図書館で編集した郷土資料索引が存在したからこそ企画に含めることができ，これらを基礎資料として市史編さんの成果を盛り込むことで容易に作成できたのである。

(4)　小平町報・市報記事索引

　小平町報は 1951 年 7 月から発行されており，2001 年 12 月までの市報が縮刷版で刊行されている。これらの資料は現代史の研究に欠かせない基礎史料であることから，市史編さん事業で Word を用いて記事索引を作成した。市史編さんでは

154

時間に余裕がなかったこともあって，事務的に使うのみで内容の点検・修正はできなかった。

　市史編さん事業の終了に伴い，関係資料が図書館に移管されたので，2015〜16年度に原資料を確認し50年間に及ぶ全データの点検・修正作業を実施した。収録件数は48,500件である。

　これは，新聞記事索引の手法を活かしたもので下記の要領に従って記入した。図書館ホームページに掲載し，キーワードおよび分類から検索できるようになっている。

小平市立図書館　町報・市報記事検索

昭和26年7月25日号から平成3年12月20日号までの，「小平町報」「市報こだいら」に掲載された記事の見出しと簡単な記事内容を検索できます。検索した記事を読みたいときは，図書館にご所蔵している町報・市報の縮刷版等にてご覧ください。[国書館歴史情報一覧（PDF形式 49KB）]
記事の内容に合わせて分類番号がふられています。似た内容の記事を検索する場合は，同じ分類番号を指定して検索すると便利です。

平成4年1月1日号以降の市報記事をお探しの方は，小平市ホームページ「市報・動画・メールマガジン」よりご確認ください。

町報・市報記事検索トップページ

キーワード検索

キーワード		● AND ○ OR（スペース区切りで5つまで）
分類名	▼	
掲載日	〜	（年月日を8桁で入力してください。例：平成13年4月1日の場合、20010401と入力。）

検索する ❯

分類から検索する

小平市に関する町報・市報分類表です。各分類項目をクリックすると、該当する町報・市報の一覧がご覧になれます。

	0	1	2	3	4	5	6	7	8	9
A	図書館	書誌・目録	事典		論文・調査	年鑑・雑誌	刊行・機関	新聞	叢書・全集	
B	歴史総記	通史	史料集・古文書	原始時代・考古学	古代・中世	近世	近代	昭和史	戦後史	
C										
D	歴史地理	地理(地名)	案内記・紀行	地名	地図	街道	史跡	文化財	伝記・自分史	
E	民俗総記	風俗誌	衣食住の習俗	社会習俗	信仰・年中行事	民話・伝説	民謡・わらべ唄	方言・ことわざ	民間信仰	宗教
F	議会総記	議会史	法規・先例集	議会報	議案綴		政党・政策	選挙	選挙記録	
G	行政総記	行政組織・機構	基本構想・沿革	業務報告書	行政事務・監査	広報	世論調査・広報	公務員・人事行政		
H										

【図7-5】　町報・市報記事検索画面

① 記事内容は記事の見出しではなく，基本的に「誰が（Who）」，「何を（What）」，「どのように（How）」した，「いつ（When）」，「どこで（Where）」，「なぜ（Why）」という順に摘要を記入する。
② 固有名詞は記事に略称で記されていても正式名称で表記する。

7.8 地域資料の書誌修正

　「地域資料登録規則」で述べたように，図書館の蔵書管理システムおよび利用している MARC はどこの館でも少なからず変化している。しかし，システムに対応した書誌修正が十分に行われず，書誌統一が不十分なために巻次・回次・年次順に並ばないといった事例が見られないだろうか。書誌統一を自動的に処理することは困難で，人手に頼る部分が多いこともあって，知っていても放置されている事例が散見される。しかし，現在では大半の図書館の蔵書検索がホームページや OPAC でできるようになっており，実態が利用者の目に常に晒されている。これを放置することは，図書館のサービスの質にも評価にもかかわる問題である。
　小平市立図書館の地域資料の書誌にもいくつかの課題があり，実際に書誌修正を実施した。この経験から項目別に課題を整理し，どのように進めたのか報告する。

（1）基本的な問題
　『日本目録規則　1965 年版』[59] に則って作成した書誌が残っている等の理由により，現在使っている NEC の蔵書管理

システムと対比して次のような齟齬が生じている。

① 書名の表記とヨミが該当項目に切り分けられずに，書名の欄に副書名・巻次・回次・年次・版次が列記されているものがある。

② 書名・著者・出版社のヨミが一部しか表記されていないものがある。

③ 出版社のヨミは，システム移行のために数字コードに置き換えたが，その名残で数字のまま表記されているものがある。

④ 巻次・回次・年次・版次が二重に表記されているものがある。

⑤ 地域資料分類と NDC の表記場所が違うものがある。

⑥ 地理区分が記されていないものがある。

⑦ 同一著者名・出版社名の典拠ファイルが統一されていない。

　これらの問題を解決するためには，「地域資料登録規則」を現在の蔵書管理システムに則ったものに改訂することから始める必要があった。そのうえで，次の項目に沿って書誌修正を実施した。

(2) 書名の修正

・書名に表記されている書名以外の表記を削除する。

・副書名・巻次・回次・年次・版次を適正な個所に記入する。

・データ修正後，書名順に再表示して書名順・巻次順に並ぶことを確認する。

・巻次トレースに巻次・回次・年次のコードを入力する。

・サブタイトル画面を見直し，副書名・叢書名・内容細目・

注記・版次等を修正する。

(3) 著者・出版社の修正

・著者・出版社の表記およびヨミを確認し，誤りの修正と表記の統一をする。

・数字のままになっている出版社のヨミを正しく記入する。

・初期のシステムで文字数の制限によりヨミが不足しているものを補足する。

(4) 分類の修正

・第 1 分類に地域資料分類／地理区分，第 2 分類に NDC を記入する。

・分類および地理区分の間違いや記入漏れ・不統一がないことを確認する。

(5) 典拠ファイルの修正

・著者名・出版社名の典拠ファイルを漢字表記で検索し，一つに統一する。

(6) 今後の課題

　この書誌修正の成果を反映し，『日本目録規則　2018 年版』[60] に則った地域資料登録規則の改訂を 2019 年 4 月に行った。

　そこで，改めて雑誌・論文集・全集等のデータを見直し，内容細目書名と人名を入力してリンクするなど書誌データの整備に努めていかなければならない。

8章 特別コレクションの形成

第7章で地域資料の組織化について述べたが，ここでは一般的な地域資料以外の特別コレクションの形成について説明する。特別コレクションは，「図書館で所蔵する資料のうち，特定の目的，一定の主題・形態・時代区分に基づいて選択・収集された資料群，あるいは特定の収集者・所蔵者による資料群をいい，図書館の収集資料にとけこまないで存在する資料群をいう」（図書館用語辞典編集委員会編『最新図書館用語大辞典』柏書房，2004) [85]と定義されている。

地域資料の収集としては，一般資料と行政資料を優先するのが当然である。しかし，地域資料にはその他にも多様な資料があるので，図書館の事情に応じてさまざまな資料のコレクションを形成し，利用に供していくことになる。

ここでは地図，新聞記事，写真，古文書について述べる。

8.1 地図資料の種類

地図資料といっても形態的には一枚物の地図や巻子本・地図帳などがあり，手書きの絵図や実測図・印刷物等多様である。はじめに，地図資料の種類について『図説地図事典』[61]によって整理すると次のようになる。

(1) 作成の方法

地図の作成の方法としては，基本図と編集図がある。

① 基本図（実測図）　基本測量に基づく国の地図
　・1：25,000 地形図　・1：5,000 国土基本図
② 編集図　基本図から編集してつくる地図

(2) 表現の内容

地図に表現する内容によって一般図と主題図に分かれ，それぞれ多様な種類がある。

① 一般図（多目的図）　表現事象がすべてにまんべんなく描かれている地図
　・地形図　・地勢図　・日本図　・世界図　・輿地図等
② 主題図　特定の事象をとくに強調して他を省略した地図
　・海図　・航空図　・地質図　・植生図　・地籍図
　・土地利用図　・土地条件図　・土地分類図　・人口図
　・交通図　・道路図　・経済図　・観光図等　・路線価図
　・都市計画図　・住宅地図

(3) 縮尺の大きさ

図面の縮尺率によって大縮尺図，中縮尺図，小縮尺図に分けられる。

① 大縮尺図　1：10,000 以上
　・1：10,000 地形図　・1：5,000 国土基本図
② 中縮尺図　ふつう 1：20,000〜1：100,000 程度である
　・1：25,000 地形図　・1：50,000 地形図
③ 小縮尺図　ほぼ 1：100,000 以下
　・1：200,000 地勢図　・1：500,000 地方図

・1：100,000 集成図

（4）　地図の体裁
　地図をどのような体裁につくるか，その形状によって区別
される。
① 　切図　地域を切って示した地図
② 　全図　1枚ですべての地域を示した地図
③ 　組図　何枚かのシリーズでセットになった地図
④ 　折本　折ってある地図，表紙がついている
⑤ 　掛図　遠くからわかるように記号や文字が大きい
⑥ 　地図帳　綴じても綴じなくてもよい
⑦ 　立体図　表面が凸凹した立体の地図
⑧ 　地形模型
⑨ 　地球儀

（5）　その他の地図
① 　古地図
② 　絵図
③ 　空中写真
④ 　地引絵図・公図　地引絵図は明治時代に行われた地租改
　　正に伴って作成され，地目別に彩色された地籍図で，字ご
　　とに分割されている。
⑤ 　歴史地図
⑥ 　イラストマップ
　このように表現の内容，縮尺，体裁等によって多様な地図
が作成され，刊行されている。刊行物は利用の目的に応じて
収集できるが，絵図や地引絵図・公図等の原図は特定の図書

館にしか所蔵されていない。

地図資料は次にあげるように一般資料のような図書形態のものは少なく，書誌登録し利用に供するためには，装備と排架に工夫を必要とするものが少なくない。

（1） 地図資料の形態
① 書籍
② ケース入り
③ 一枚物

（2） 地図の装備と排架
地図の装備と排架には次のような方法がある。
① 図書と同様の装備をして書架に排架
② 簡易装備をしてマップロッカー・地図ケースに入れる
③ パンフレットケースに装備をして書架に排架
地形図のような一枚物の地図は，マップロッカーや地図ケースに入れて保管し，館内閲覧といった方法で提供している図書館が多い。しかし，都市地図の出版社が新書判程度の大きさのケースに一枚物の地図を折り畳んで販売している例にならって，パンフレットケースを作成して装備すれば，書誌登録して書架に並べることも，貸し出すことも可能である。
その装備は次の手順で行う。
① パンフレットケースの表紙と背に地図のタイトルを貼る。
② パンフレットケースの表紙にバーコード，背に請求記号

のラベルを貼る。

③　パンフレットケースをフィルムカバーで装備する。

④　地図にバーコード番号・蔵書印を押す。

⑤　地図を折り込んでパンフレットケースに入れる。

(3)　手書きの絵図類

　手書きの絵図類は原型保存が大切で，折り畳んだり，ラベルを貼ったり，文字や記号を書き込んだりするのは，原資料を損なうことになるので厳禁である。基本的には資料の劣化を防ぐために次のような対策を行う。

①　中性紙の封筒や保存箱に入れる。

②　掛け軸に軸装する。

③　マイクロ撮影をして媒体変換する。

8.3 新聞記事の切り抜きと記事索引

　新聞記事は地域情報の把握と記録のために貴重な情報資源である。そのため，多くの図書館で記事の切り抜きを行っている。しかし，スクラップ帳に貼り込んで段ボール箱にしまい込んでいては役に立たない。書誌登録して組織化しなければ使えないのである。

　そこで，次に具体的な組織化の方法として小平市立図書館の事例を紹介する。

(1)　小平市立図書館新聞記事切り抜き事業

　小平市立図書館では多摩地域の先進事例にならって，1977年に新聞記事切り抜き事業に着手した。記事を切り抜く対象

と範囲は次のとおりである。

(2)　対象と範囲
① 　小平に関する記事
② 　国・東京都・多摩地域の記事の中で小平市に関連のある
　 もの
③ 　図書館に関する記事
④ 　多摩地域の郷土資料および地域史に関する記事

(3)　台紙式整理法

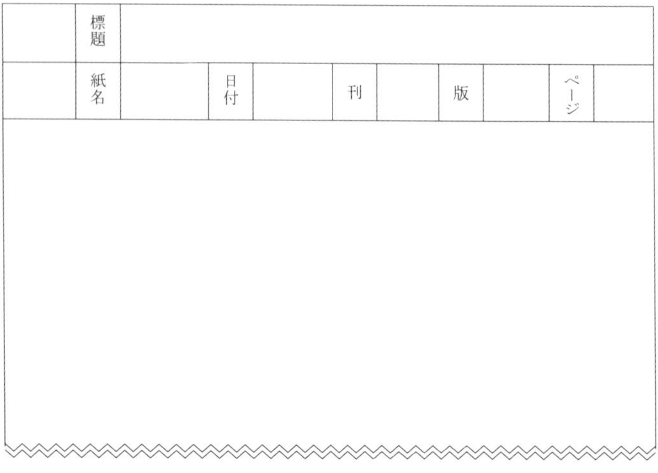

	標題								
	紙名		日付		刊		版		ページ	

〰〰〰〰〰〰〰〰〰〰〰〰〰〰〰〰〰〰〰〰〰〰〰〰〰〰〰〰〰〰

【図 8-1】　新聞記事切り抜き台紙

　図書カードと同じく加除排列が容易に行えるように，B5
判の台紙を使って整理している。台紙の上部に分類・標題・
紙名・日付・刊・版・ページの欄を設けて印刷し，その下に

164

スクラップした記事を貼り込めるようにしている。分類は数字 3 桁を用いた独自分類である。

(4) 印刷目録の作製

　切り抜きを始めた当初は手書きのカード目録で分類別に排列し，毎年印刷目録を作成していたが，図書館システムの変更に伴って，現在では次のようにデータベースでの記事検索に移行している。

(5) 新聞記事の登録

　7.2(3)で紹介したように，新聞記事のデータ入力をするにあたって小平市立図書館では「小平市新聞記事登録規則」（資料 5）を定め，記事内容は摘要を記入している。これは，新聞記事の見出し索引を作成している図書館が多く，新聞記事の見出しは記事内容の主に「何をどうした」といった記事の一部しか記されず，団体名称等は略称を用いることが多いので内容が的確に把握できない点を改善するためである。
　そこで，この登録規則の抄録の部分を改めて確認すると次のとおりである。
　「抄録は，原則として記事の見出しおよび記事の内容を参照して，以下の項目及び順番で摘要を記入する。（中略）①何を　②どうした　③いつ　④どこで　⑤だれが」
　このように，新聞記事の内容に摘要を用いることによって，該当する新聞記事を読まなくても記事の概要が確認できる。
　また，人名・団体名を統一するためには，次の規則を用いる。
　「人名の表記は人名典拠に基づいて記入し，（中略）団体の

名称が内部組織を含めて資料に表示されているときは，原則としてその内部組織を省略した名称を記入する。」

　これは，新聞記事の見出しは略称を用いることが多く，人名典拠に基づかない団体名等が探しにくいことから，同一の名称を統一して検索するためである。

(6)　新聞記事データベースと記事検索

　新聞記事データベース（https://library.kodaira.ed.jp/np/）は，抄録・新聞名・分類・地理区分・掲載日の項目からキーワード検索する方法と，地域資料分類表の一覧から検索する方法の2つがある。分類表からの検索は件名索引の役割を果たし，キーワードで見つからない記事を一覧表から探すことが可能である。

【図 8-2】　新聞記事検索画面

166

(7)　町報・市報記事索引

新聞記事索引と同様の方法で，1951〜2001年までの町報と市報の記事索引を作成している。2002年以降の市報は市のホームページでデジタル化している。

8.4 写真資料の収集と定点撮影

写真資料を収集している図書館も少なくない。しかし，これも書誌登録して組織化しているところは限られている。そこで，具体的な組織化の方法として小平市立図書館の事例を紹介する。

（1）　小平市立図書館の郷土写真事業

小平市立図書館で郷土写真事業に取り組んだのは，1978年7月である。この事業は単に古い写真を集めるのが目的ではなく，今後の変化が避けられない町の移り変わりを記録することを主眼とした事業であることに特徴がある。そのために，定点撮影とテーマ別撮影に分けて写真撮影を行っている。

（2）　定点撮影

事業を開始した当初は210か所の定点を決めて毎年撮影してきたが，2004年からは事業を縮小し104か所になった。

（3）　テーマ別撮影

テーマ別撮影は，①から⑤のテーマを5年サイクルでローテーションしながら撮影するものである。これは2004年の事業の見直しによって中止している。

①自然　②建物　③行事　④くらし　⑤歴史（総集）

(4)　収集

　定点撮影とテーマ別撮影は各館の写真担当者が分担して行っているものであるが，古い写真については，次のように市民に呼びかけて提供してもらったり，広報広聴課で市報の編集に伴って撮影してきたネガフィルムの移管を受けたりして収集している。
①　市民等からの提供
②　広報広聴課からの提供
③　小平町誌編さん時の写真の提供

(5)　郷土写真展

　これらの写真は貴重な地域資料として活用され，市内の学校の周年記念誌の発行や行政資料・市報・市史編さん，銀行の展覧会や JA の記念誌などに使われているとともに，民間で発行する郷土写真集にも役立っている。
　このように広く活用されるようになったのは，これらの写真を使って図書館で毎年写真展を開催し，郷土写真の存在をPR してきたからだといえる。

(6)　図録と写真集の発行

　写真展の開催と並行してパンフレット程度の写真展図録をつくり，小平市制施行 30 周年記念には『市民の思い出写真集』（小平市教育委員会，1993）を刊行している。また，市史編さん事業の企画に写真集を加えられたのは，図書館の郷土写真事業によって数多くの貴重な写真が集積されていたからである。

168

（7） デジタル化事業

　基本的にフィルム撮影をしてきた事業であるが，デジタル化が進む時代の変化に合わせて 2002 年からはデジタル化を計画的に進め，図書館ホームページで次のものが見られるようになっていた。

①　定点写真　1981（昭和 56）年頃，2003（平成 15）年頃，2011（平成 23）年（一部平成 24 年）

②　郷土写真展図録

【図 8-3】　デジタルアーカイブ画面

　2018 年 11 月の図書館ホームページのリニューアルに伴い，2019 年 1 月からデジタルアーカイブが新たに加わって一新

された。小平市内の定点撮影写真を地図や地点名目次から見たり，デジタル化した小平市史をキーワード検索したりして閲覧することができるようになった。また，小平市史別冊図録『近世の開発と村のくらし』（小平市，2013）掲載の新田開発の地割図，玉川上水からの分水，水車などに関する絵図等を，現在の地図と連携して見ることができる。

8.5 学校関係資料

（1） 現状と必要性

　地域資料を積極的に収集しているところでも，学校関係の資料を系統的に収集している図書館は少ない。同じ教育委員会に属していても，学校でどのような資料がつくられているのかは意外に知られていない。それは教育委員会や学校図書館に任せて，図書館ではとてもそこまでは手がまわらないというのが実情のようである。しかし，必要に迫られて教育委員会や学校図書館に問い合わせても，芳しい答えが得られないのではないだろうか。

　教育委員会には学校で出している資料を集めている部署はなく，まして資料を整理して置く場所もない。学校図書館は子どもの読書活動推進のために読み物や調べ学習のための本を提供するのが目的で，事務的な資料を収集する余地はないのである。

　このような状況で，教育委員会で発行する行政資料を除いた学校関係資料は，大方の公立図書館にも所蔵されていない。しかし，それでは地域資料の定義に「地域に関するすべての資料および地域で発生するすべての資料」としたのは虚偽に

なり，「ただし学校関係資料を除く」としなければならないことになる。

（2） 発行資料の調査

そこで，どのような学校関係資料が出されているのか調べるためにはどうすればよいか考えた。それには校長先生が最も適任であることに思いあたり，小平市立図書館では 1990 年代に退職校長の再任用職場として名乗りをあげて配属された。こうして実際に調査に着手することができ，次のような結果が得られた。

【表 8-1】　学校で発行している資料

学期	資料名	発行月	備考
1	入学のしおり（学校案内）	3 月	
	学校要覧	5 月	◎
	PTA 広報		年 3〜5 回
	PTA 総会資料	5 月	
	市 P 連総会資料	6 月	
	市教研総会資料	4 月	
	市教委指導要覧	7 月	◎
	夏休みのしおり（手引き）	7 月	
	学校だより（新聞）		
2	周年記念誌	10・11 月	◎
	進路指導の手引き（しおり）	11 月	中学校のみ
	運動会・文化祭	11 月	プログラム・要項
3	学事報告	3 月	◎
	卒業アルバム，文集	3 月	◎
	児童・生徒会機関誌	3 月	
	校内研究紀要	3 月	

◎印は毎年収集する　※卒業アルバムは現在除外している

【表8-2】　教育委員会で発行している資料

学期	資料名	発行月	備考
3	研究紀要	3月	
	教頭会紀要	3月	
	生活指導主任研究集録	3月	
	校内研修研究まとめ	3月	
	市教研研究紀要	3月	

(3)　収集方針

　この調査の結果を受けて収集に取り組むことになり，次のような方針を立てた。

【資料6】——————————————————————

学校関係資料収集方針

①目的

　収集した資料は地域資料の一環として調査・研究に活用するとともに，広く市民の利用に供する。

②対象

　　・小平市立の小中学校
　　・小平市教育委員会および教育関係機関
　　・小平市内にある小・中・高等学校および各種学校
　　・小平市内にある短期大学および大学

③収集範囲

　小平市立の小中学校，小平市教育委員会および関係機関で発行された出版物は，冊子・パンフレット・チラシ等の形態の如何を問わず収集する。それ以外の学校のものは，学校案内・学校要覧・学校史誌・研究紀要・記念文集などの主要な資料とする。

④収集・整理作業に伴う留意事項

・年度当初に各学校に依頼文書を出して協力を求める。

・学期末に未収集の資料は，各学校に再度依頼する。

・資料の発行時に交換便で送付してもらう。

・パンフレット・リーフレット類の資料は学校別・分野別に整理
し，一定期間ごとに製本して利用に供する。

・収集した資料の中で部内秘の資料およびプライバシー等の問題
を含む資料は，当分の間厳重保存とし，歴史資料保存機関の資
料に準じて一定期間（30年～50年）経過後に，公開・非公開の
判断を委ねる。

(4)　資料収集後の成果

　このようにして学校関係資料が集まった結果，学校の周年
記念誌および将来の学校史や市史編さんに役立ててもらうこ
とを想定して，コピー製本して次のような資料を作成した。

①　小平市教育史資料集　27集・総目次

②　小平立小中学校沿革誌資料集　35冊

③　小平市教育史年表　2集

　一覧してこれだけかと思われるかもしれないが，これは学
校関係の調査に欠かせない基礎資料として役立っている。こ
のような成果をあげることができた背景には，次のような要
因がある。

①　図書館に明確な目的があったこと。

②　歴史を専門とする中学校校長の退職者という適任者を得
ることによって，新たに学校関係資料が集まったこと。

③　図書館にすでに収集されている教育関係資料があったこ

と。
④　集めた資料を提供者にフィードバックするために，何か
　まとめたいという発想が生まれたこと。
⑤　資料の調査・編集方法と技術を知っている職員がかかわ
　ることによって，相乗効果を生んだこと。

(5)　学校図書館システム開発と学校連携

　小平市立図書館では，市立図書館の書誌データと一体管理
する学校図書館蔵書管理システムを開発し，各学校にパソコ
ンとバーコードリーダーおよびプリンターを配備して LAN
ケーブルをつないだ。そのうえで，2005 年度には市内の全
小・中学校 27 校の 21 万冊の蔵書を 1 年間でデータ入力し，
2006 年度に学校図書館相談員を配置して学校図書館支援セ
ンター事業を開始した。この事業の発足と経過については，
「小平市立図書館と学校図書館の連携 – 蔵書データベースの
ネットワーク構築をめざして」[62] と「小平市における子ども
読書活動推進の計画と実践」[63] に報告したので省略する。
　ここではその後の事業展開によって，地域資料サービスの
進展につながった事例を紹介する。
　2009 年度に本格実施されて 10 年目を迎える小平市立図書
館学校図書館支援サービスは，以前から取り組んできた事業
も含めて幅広く展開している。事業内容をまとめると次の 7
項目になる。
①　図書館見学・職場体験学習の受け入れ
②　調べ学習への本の貸出
③　夏休みおすすめ本のリストの配布
④　小・中学校からの推薦リストの別置

⑤　学校図書館との連携
　・司書教諭との連絡会議の開催
　・学校図書館協力員の配置
　・学校図書館相談員の学校図書館の巡回相談
⑥　学校が進める総合的な学習および教科の支援
⑦　ブックトーク等への支援

　この事業構成から明らかなように，小平市立図書館の学校図書館支援サービスは，児童サービスの一部分である。しかし，行政課題を担い，学校との関係を深めるという点では重要な役割を担っているといえる。

　このことを受けて，仲町公民館・仲町図書館建て替え事業の中で，「仲町公民館・仲町図書館建て替えに係る方針」が示され，仲町図書館は「情報通信技術の導入による利便性の向上を図るほか，（中略）学校図書館との連携推進館として位置づけ，学校図書館支援体制の充実を図る」としている。この結果，仲町図書館は蔵書にIC チップを装備し，Wi-Fi 環境を整備するなど情報通信技術の導入による利便性の向上を図った上で，学校図書館サービスの拠点となることによって，さらなる学校図書館支援策を展開している。

　また，小学校の学校図書館協力員が市史編さんで作成した概要版『小平の歴史』に触発され，地域資料担当者と連携して「こどもきょうどしりょう」の続編ともいうべき「こだいらの歴史」という解説シートを作成した。その一部を教育委員会の「こだいら KID'S ぶるべーのさんぽみち」（http://www.city.kodaira.tokyo.jp/kids/）に掲載している。このことによって，結果的に地域資料の裾野を広げることになった。これは，小学校で「こどもきょうどしりょう」が日ごろからよく使われ

ており，学校図書館としても何かできるのではないかと図書館に相談したことによって実を結んだのである。

【図 8-4】　こだいら KID'S ぶるべーのさんぽみち「こだいらの歴史」

8.6 図書館と公文書館

　全公図の『公立図書館における地域資料サービスに関する実態調査報告書』[40]によると，古文書・古記録を収集している図書館は都道府県で 31 館／ 66 ％，市区町村は 579 館／ 46.2 ％となっている。また，データの登録状況について見てみると，登録しているところが都道府県は 27 館／ 57.4 ％，市区町村は 206 館／ 16.4 ％となっている。市区町村ではデータ登録がされていないところが多いものの，半数近くの図書館が古文書・古記録を収集している。

　この実態を見ると，図書館所蔵の古文書類を研究することなしに地域史の調査は不可能であり，歴史研究も進まないといえる。そこで，古文書・古記録を収集している図書館は資料の組織化を行う必要があり，その基礎的な方法と技術を知ることが求められる。

(1)　古文書・記録・公文書の定義

はじめに古文書・記録・公文書の定義を，文書館用語集研究会編『文書館用語集』（大阪大学出版会，1997）で確認すると次のようになる。

① 　古文書：厳密な意味では，発信者から受信者へ用件など何らかの内容を伝達した文書のうちで，現用以外のものをいう（p. 44）。

② 　記録：法的義務に従って業務を遂行する際に，団体，組織，個人によって作成され受け入れられ，維持される書類のこと（p. 28）。

③ 　公文書：国や地方公共団体が業務遂行上，作成または収受した文書。行政のみでなく立法・司法機関も含めたすべての公的機関が扱う文書記録を含む（p. 39）。

(2)　近世史料取扱者講習会

1951 年に主として近世史料を収集することを目的に国立史料館が開設され，翌 1952 年から史料取扱専門者の育成のために近世史料取扱者講習会を開催している。その後，1988年からは史料管理学研修会，2003 年からは「アーカイブス・カレッジ（史料管理学研修会）」と改称して史料取扱い専門者の育成を進めている。史料館は国文学研究資料館の組織となり，2008 年に立川市に移転している。

図書館で古文書を担当する者は，できればこの研修会に参加して基礎的な知識と技術を習得したい。

(3)　全国歴史資料保存利用機関連絡協議会

全国歴史資料保存利用機関連絡協議会（全史料協）は，記録

史料の保存利用活動の振興に寄与することを目的として，1976 年に発足した。会誌『記録と史料』および会報等を出版するとともに，研究会等を開催している。

　文書館，公文書館，図書館，歴史資料館，自治体史編さん室および大学資料室等が機関会員に加盟しているので，必要に応じて研究会に参加したり，相談したりすることができる。

(4)　公文書館法の成立

　1987 年 12 月に「公文書館法」が成立し，重要な公文書等の保存と利用を担う歴史資料機関として公文書館を位置づけ，専門職員を置く必要性を明示した。さらに，公文書館を条例により設立することを求めた。

　このことにより，都道府県立文書館をはじめとした地域文書館が整備されている。

(5)　公文書管理法の施行

　正式名称は「公文書等の管理に関する法律」(平成 21 年法律第 66 号) で，2011 年 4 月に施行された。行政機関による公文書の作成，管理，保存，廃棄，国立公文書館への移管，公表について統一ルールを定めた法律である。

　この法律は，公文書を「国民共有の知的資源」と位置づけ，政策決定の経緯を記録することで，行政の透明性を高め，健全な民主主義を支えるねらいがある。法律の対象は中央省庁や独立行政法人で，地方自治体には文書の適正管理を努力義務とした。

　第 34 条に「地方公共団体は，この法律の趣旨にのっとり，その保有する文書の適正な管理に関して必要な施策を策定し，

及びこれを実施するよう努めなければならない」とあることから，区市町の文書館も徐々に設置されている。

国立公文書館のリンク集「全国公文書館等」を見ると，現在の文書館設置数は，都道府県が 42 館，政令市が 10 館，市区町が 34 館となっている。また，小平市では中央図書館に係を設けて，2022 年 10 月に歴史公文書の利用を開始した。

8.7 小平市立図書館と古文書

公文書館の設置状況を確認したが，区市町村立文書館は 34 館ほどの設置である。これに対し前出の全公図の調査で古文書・古記録を収集している図書館が 579 館あることを考えると，歴史資料保存利用機関として図書館の果たすべき役割は大きいといえる。

このような中で，近世史料取扱者講習会に参加して研修を受け，全史料協にも加盟して歴史資料保存利用機関としても機能してきた，小平市立図書館の取り組みを報告したい。

（1） 小平市図書館の建設と古文書庫

小平市立図書館は 1975 年に図書館を建設したときに，古文書庫を設け古文書整理に着手している。これは，2.4（2）の地域資料実践の定着の項で触れたように『市民の図書館』[22] の基本方針である貸出，児童サービス，サービス網を基本に活動する多摩地域の図書館としては異質の取り組みであった。

（2） 『小平町誌』編さんと古文書整理

小平市は 1959 年に『小平町誌』を出版しており，古文書調

査を基礎にした研究成果は高く評価されている。この中心に
なったのが，1万点を超える小川村の名主家文書である小川
家文書であった。

(3) 小川家文書の東京都文化財指定

このような経過で，近世史研究に欠かせない貴重な史料群
として認められた小川家文書は，1964年11月に東京都文化
財として指定された。小平市にはほかにこれといった有形文
化財がなかったこともあって，図書館の建設と並行して小川
家文書の寄託交渉が進められ，図書館に預けられることにな
ったのである。

8.8 古文書の整理

(1) 古文書整理と史料整理の原則

小平市立図書館で古文書整理を開始したのは，1975年9月
である。この当時は国立史料館や全史料協でも史料整理の原
則が確立していなかったが，現在では下記の原則が確立して
いるので，古文書整理はこの原則に沿って進めるべきである。
① 出所原則
　　史料を，それを作成，授受，保管してきた機関・団体ご
　との文書群としてとらえ，ひとつの出所をもつ文書群は，
　他の出所をもつ文書群と混合して整理されてはならない。
② 原秩序尊重の原則
　　出所を同じくする文書群の中で，それを生んだ機関・団
　体の活動の体系を反映している原秩序を尊重して残さなく
　てはならない。

③　原形保存の原則

　史料の原形，文書の折り方，綴じ方，包み方など，記録
史料の物理的原形をむやみに変更してはならない。

　この要点は，史料群のまとまりを崩さず資料を保管してき
た家や組織ごとに整理すること，伝来してきたまとまりと物
理的形態を変更しないこと，現状の記録を残すことである。

(2)　明治大学の古文書整理法

　小平市の古文書は『小平町誌』の編さんに先立ち，明治大
学によって整理されていた。戦後間もない時代の古文書整理
は，環境も物資も貧弱で時間が限られた状態の中で，学術研
究のために行われた調査研究である。整理して手書きの目録
はとられているが，基本的に書冊と書状の形態別に区別した
整理で，残念ながら原秩序尊重と原形保存のルールの復元は
困難である。すでに全国の図書館に収集されている古文書の
多くも，同様の状況にあるのではないかと懸念される。

　それだけでなく，保管環境もよくなかったために，虫損が
進みネズミによる食害等も見られる状態であった。

　また，紙縒りで綴じられた簿冊や長文の書状は，虫損や糊
継ぎ部の剥がれによって原形が保たれず，何点にも分かれて
整理されている事例が散見され，原史料の表紙に2段ラベル
が貼られていた。さらに，古文書に書かれている標題と内容
要約との区別がされていないため，史料の同定識別が困難な
ものが数多く見られた。

　このため，整理を進めるうえでは，次のような作業が必要
になった。

①　日本目録規則に準じた凡例を示して，書誌作成の規準を

統一すること。

② 原史料に貼られたラベルを剥がすこと。

③ 分散している簿冊や書状を可能な限り原形に復元すること。

(3) 小平市立図書館の古文書整理方針

図書館で古文書整理を開始する前に，小平市教育委員会では 1968 年と 1973 年に 6 家の古文書の調査を行い『小平市文化財実態調査報告書』（小平市教育委員会）を出している。このことからも市内には小川家文書以外にも数多くの古文書が現存することがわかり，小川家文書の保管状況から推測して再整理の必要性が認められた。

そこで，次の方針に基づき改めて古文書整理を進めることになった。

① 市内全域の総合的な古文書の所在調査をする

② 整理して古文書目録を作成・刊行する

③ 古文書の図書館への寄託を推進する

古文書調査によって徐々に所蔵者の同意が得られ，一時寄託されたことにより整理を進め，目録を作成することになった。

(4) 目録作成と複写製本

古文書の整理をするうえで，原秩序が保たれている史料群については，国文学資料館史料館編『史料の整理と管理』[64] を参照すべきである。

しかし，小平市立図書館で整理に着手した段階ではこのようなテキストが存在しなかったことと，すでに一度整理され

ていて原秩序の確認ができないことから，独自の方針をとった。その手順と方針は次のとおりである。

① 既存の目録を解読して全体像を把握する
② 保管状況を記録する
③ 家別に整理する
④ 一件ごとに封筒に入れる
⑤ 分類記号の記入
⑥ 分類番号の決定
⑦ カードの作成
⑧ 目録の原稿作成
⑨ 解題の作成
　・資料整理の経過
　・古文書の来歴
　・古文書の特色
　・支配代官在任表の作成
　・古文書によって明らかになった歴史の解説
　・所有者の系譜（住所・旧地名・檀那寺・郷社等・系図）
⑩ 目録の印刷刊行
⑪ 複写・製本

　小川家文書は事前の調整ができていて図書館に寄託されることになったが，一時寄託はしても整理が済んだら返してほしいという家が多かった。これでは，整理して目録を作成しても図書館で古文書を見ることができず，研究に利用できない。また，寄託された資料でも原資料を出納することによって資料の劣化が進み，傷む要因にもなる。

　そこで，目録の印刷刊行と並行して古文書のコピーをとり，それをA4判の用紙に両面コピーしたうえで製本して利用に

供することにしたのである。古文書の複写製本を書架に並べ
ておけば，利用者は職員の手を介さず気軽に自分の見たいも
のを見て，効率的に研究を進めることができる。現在ではマ
イクロフィルムの紙焼き版を製本して書架に出している歴史
資料保存利用機関が増えているが，1980年代以前には稀であ
った。このような事情もあって古文書の複写製本は好評で，
地域の研究者や学生に利用され，小平市立図書館の評判が広
まっていった。やがて，古文書解読講座のブームもあって利
用層はより広い地域に拡大していった。東京学芸大学のゼミ
での利用をはじめとして全国の研究者が訪れるようになり，
最近は近県の研究団体やNHK放送大学の受講生等も利用し
ている。

　また，目録には必ず解題をつけて，古文書の整理経過・来
歴・特色・所有者を記録し，古文書によって明らかになった
歴史の解説を載せた。解題があってこそ目録が活用され，整
理した意味が理解されるとともに，市民に地域の歴史への関
心を深めてもらう契機になるからである。

(5)　古文書解読と史料集作成

　古文書の整理が済んで目録が刊行されても古文書が読める
人は限られている。これらの古文書が解読されて史料集にな
っていれば歴史に関心がある人が興味を示し，利用される範
囲を拡大することができる。利用者からも図書館内部からも
このような声が届き，史料集の作成を開始することになる。

　この史料集は年に2冊ずつ刊行する方針で，主要な近世史
料を網羅的に集録し30集を数えることになった。しかも，
古文書目録と同様に解題をつけることにしたため，一段とハ

ードルが上がった。歴史研究をしないと書けないのである。しかし，このハードルを乗り越えたからこそ小平市民の歴史意識の醸成に貢献することができ，市史編さんの実現へとつながったのである。

8.9 市史編さん

　市史編さんは地域資料コレクションの形成と直接かかわるものではない。しかし，地域によっては図書館や教育委員会で担当することもあり，地域資料コレクションが最大限に活用される機会でもあることから，ここで取り上げる。なお，詳しくは全国歴史資料保存利用機関連絡協議会『会報』[65]および『小平学・まちづくり研究のフロンティア』[66]に記したので参照されたい。

(1) 小平市での自治体史編さん

　小平市では自治体史の編さんを4回実施している。最初は町制施行15周年を記念した『小平町誌』（小平町，1959），次は市制施行5周年を記念した『郷土こだいら』（小平市，1964），3回目は市制施行30周年を記念した『小平市三〇年史』（小平市，1994），そして，今回の市制施行50周年を記念した『小平市史』である。

　『郷土こだいら』は郷土研究会と中学校教諭が執筆した『小平町誌』の概要版であり，『小平市三〇年史』は印刷会社に委託して編集した市制施行以降の行政史を中心としたものである。いずれも資料の調査・研究に基づいて編さんされた自治体史ではない。

(2) 小平市史編さんの位置づけ

① 『小平市第三次長期総合計画』の位置づけ

　本節で述べてきたように古文書整理をし，史料集を刊行してきたことから，新しい自治体史の必要性について市民の意見や反響を寄せられてきたのが図書館であった。そこで，図書館の提案によって2006年3月に発行された『小平市第三次長期総合計画』（小平市，2012）に，市史編さん事業が位置づけられた。

② 図書館で収集した地域資料を活用して市史編さんを支援

　「図書館サービス」の項の動向（現状）に，「図書館には，図書資料とともに古文書，写真資料等の地域の資料が収集・整理・保存されており，地域の情報の拠点として機能しており，さまざまな専門性が認められています」と記されている。そして，本計画における基本方針に，「今後，地域に関心が高まることが予想されるなかで，現存する貴重な資料を整備し，提供することにより，小平の市史の編さんを支援するなかで，貴重な歴史や文化を記録し，広く理解してもらうことを進めます」とされたのである。

(3) 小平市史編さん基本方針

① 事業の趣旨

　事業の趣旨は，市制施行50周年を記念する事業とした。

② 事業方針

　事業方針としては，この事業の内容を規定する柱として7項目を掲げたが，次の2項目は特に大きな意味をもつものといえる。
・市史編さん事業の経過を明らかにし，情報収集と情報発信

に努める。
・事業のために収集した資料や成果を効果的に活用し，記録
　資料の有効活用を図るために，完成後の調査研究のあり方
　について研究する。
③　刊行物の構成および発行時期
　　刊行物の構成および発行時期は，次のように全19冊の構
成とし，市史本編を2012年度までの4年半で刊行し，残り2
年で市史索引・年表・概要版を刊行することにした。
・小平市史（考古・自然・民俗編，近世編，近現代編）　3冊
　（2012年度）
・小平市史別冊（図録，写真集）　2冊　（2012年度）
・小平市史付編（索引，年表）　2冊　（2013年度）
・市史研究　6冊　（2008〜2013年度）
・小平市史料集（近現代編）　5冊　（2009〜2011年度）
・小平市概要版　1冊　（2014年度）
④　ホームページの運営
　　ホームページの運営としては，調査・研究した成果を公開
し，市史編さんの進捗状況や課題を市民に情報発信すること
にした。このことによって，市史編さんは市ホームページの
各課の紹介の中でも有数のコンテンツを有するものとなった。

(4)　小平市史編さんの特色

　こうして2008年4月に企画政策部に市史編さん担当を置
き，事業を開始することになった。ここで改めて小平市史編
さんの特色について説明すると，次のようになる。
①　全庁的な協力と行政主導体制をつくり，推進本部・連絡
　会議を設置した。

② 若手研究者を中心とした調査研究組織をつくり，調査専門委員を配置した。
③ 編別の調査研究と執筆体制とし，3 人の監修者を置いた。
④ 市民委員を 2 人配置し，豊富な人脈・情報網の活用を図った。
⑤ 図書館で刊行・収集した史料集・記録・資料を利用した。
⑥ 図書館の資料と設備を効率的に利用した。
⑦ 市史研究・市史編さんこぼれ話による経過報告と情報発信を行った。
⑧ ホームページを開設し，随時情報提供に努めた。
⑨ 市民参加および市内の学校・大学との連携を図った。
⑩ 歴史関係団体との懇談会を開催し，情報提供および意見聴取に努めた。
⑪ 市史本編の活用と普及を図るため，市史付編の年表・索引および概要版の刊行と記念講演会等を事業に含めた。

(5) 小平市史編さん事業における調査実績

図書館の豊富な地域資料には大変助けられたが，図書館で整理してきたのは個人所有の古文書が中心だったため，新たに公文書の整理に着手し，デジタル撮影をする必要があった。また，近現代編の編さんのためには，印刷物を幅広く収集し，図書館で作成し始めた 1977（昭和 52）年以前の新聞記事の調査が必要であった。そして，小平町報・市報が市民生活に関わる基礎資料となることから，これらの記事索引を作成するなど補助的作業も膨大にあった。これらの事業に伴って行った成果は，次のとおりである。
① 古文書・古書の整理は，個々の所蔵点数は少ないものの

新たに 25 家の史料が提供され，3,368 点の古文書と 1,074 点の古書の整理を行った。

② 公文書調査は，市役所の各課と調整して保存書庫の調査を実施し，市史編さんに必要と思われる 1,534 件，238,750 枚のデジタル撮影を行った。

③ 近現代編の調査としては，公民館や創立年代の古い小・中学校の調査，自治会や団体・企業等の会報やニュース等の資料を収集し，2,542 件，129,735 枚のデジタル撮影を行った。また，民俗編では，地域の古老等からの聞き取り調査や祭りの調査を 253 回行った。

④ 町報・市報については，町報が創刊された 1951（昭和 26）年から市報がデジタル化される 2001（平成 13）年までの記事を対象に，38,937 件の索引を作成した。

⑤ 小平に関する新聞記事調査は，三大紙の多摩版のマイクロフィルムを調査し，1,612 件の記事を収集した。そのうち 318 点は近現代編の史料集に収録している。

⑥ 公文書や古文書を解読して作成する内容目録の作成としては 80 件，24,339 点について実施している。

(6) 新しい市史編さんの課題

この時代に行う新しい市史編さんの課題について考えると，次のようなことがあげられる。

① 既刊の市町村史の位置づけと新規事業の意味

② 地域課題の分析と将来展望

③ 情報発信と市民参加

④ 事務事業評価と成果物の普及・活用

⑤ デジタルアーカイブ時代の市史編さん

堺屋太一が『時代が変わった』（講談社，2001）で述べている
ように，21世紀を迎えた現在は，戦後の時代変化の激しさを
経て，価値観や環境，生活や暮らし方が大きく変わった。そ
うした変革の時代の中にあって，地域の将来を展望するため
には，改めて歴史を振り返り地域の特性と変化を見つめ直す
以外に具体的な展望は開けないということである。
　また，事業に取り組む視点として，内容が専門的で調査研
究が必要だからこそ，専門家ではなく生活者＝市民の目線に
立って市史編さんを行うことが必要で，できる限り市民参加
を進め，市民感覚を反映したものにすること。デジタルアー
カイブを活用した資料・情報整理を図り，情報発信と市民交
流を図りながら事業を進めることが大切なのである。

（7）　年表，索引，概要版の作成

　近隣の市史編さん事業を見ても，市史編さん事業に市史索
引・年表および概要版の作成を含めているところはほとんど
見当たらない。これは，大半の市史編さん事業は，資料収集
から開始し，その整理と研究が中心となるため，市史の刊行
が最終目的となる傾向が強いことに由来するものと思われる。
10年程度の編さん期間を設けても，期限どおりに市史の刊行
ができれば順調な方で，期間延長を迫られるところが少なか
らず存在するのである。このような状況を考えると，市史索
引・年表および概要版は市史が刊行されていないと予定でき
ないもので，市史編さん事業に計画段階から含めるのはリス
クが高いといえる。
　しかし，小平市史は事業の目的が「親しみと愛着が感じら
れるふるさと『こだいら』について理解を広める」ことであ

190

る以上，専門的に調査・研究した成果である市史の刊行だけでは不十分であり，市史を活用するために必要な市史索引と年表があり，大部の市史をコンパクトにまとめた概要版が欠かせない。

　そのために，市史編さん委員会の組織で行う市史の刊行は4年半で終了し，残り2年で事務局を中心とした庁内の組織を立ち上げ，市史索引・年表および概要版を作成することにしたのである。

　21世紀の初頭に暮らす私たちにとって，今こそ地域の歴史を振り返る意義は大きく，市史編さん事業を企画し実施するのは基礎自治体としての市町村が果たすべき重要な役割だといえる。そして，概要版の編集後記に「この事業に取り組めたのは，『小平市史　近現代編』（小平市，2013）に記されているように，その背景に小平市民の人々が形成してきた歴史意識と，地道な調査研究活動によって作成された多様な刊行物の蓄積があったからであり，小平市が歴史を備えた都市に育ってきているからです」とある。小平市には研究に足る歴史が備わっており，そのために図書館が多様な地域資料を収集し基盤整備していたからこそ，市史編さんができたのである。

‥‥‥‥‥‥‥‥‥‥‥‥‥‥‥‥‥‥‥‥‥‥‥‥‥‥‥‥‥‥‥‥‥‥

としょかんこどもきょうどしりょう

　小平市立図書館で地域資料の一環として着手した『としょかんこどもしりょう』を，No.41まで刊行した。地域資料という地味な仕事の中で，幸いにもこの企画は小学生を中心とした子どもたちやお母さん方に喜ばれ，小学校の先生や地域に興味を持つ人たちにも支持されて，発行を心待ちにされるほどだった。

　No.1「小平市内めぐり」を発行したのは，1990（平成2）年11月である。それ以来毎月1回を目指して発行し，中断はあったが1995（平成7）年9月発行のNo.41「花の江戸城Part 2」まで，ほぼ計画どおりに刊行することができた。取り上げた内容を見てみると，大きく分けて①小平に関すること，②江戸・東京に関すること，③玉川上水に関すること，④その他に区別することができる。取り扱っている範囲が広いと思われるかもしれないが，地域のことを知るためには小平市域だけに限定することはできず，テーマによってはより広い範囲から見る必要がある。

　なぜこのような資料を発行することになったかといえば，子ども向けの地域資料が少ないからである。既刊の資料の中に多少は存在しても，テーマや範囲が限られるなど，とても子どもたちの要求に応えられないことが多く，この現状を少しでも改善したいと考えたからだった。

　そんな折に，三多摩郷土資料研究会（三郷研）で「児童向けの郷土資料サービスを考える」というテーマで定例会が開かれた。そこで田無市立図書館（当時）の実践例が報告され，「失敗やミスを恐れずに出してみよう。やってみなければ何事も始まらないし，間違いを指摘されたら直せばよいのだから」という言葉に励まされて編集に着手したのだった。

　この仕事を始めるにあたって決めた編集方針は，①毎号テーマを決めて編集すること，②形はB4の用紙1〜2枚に両面印刷をして4つ折りで発行すること，③編集に使った資料は「参考にした本」として紹介すること，④地名・人名・資料名は出典どおりの表現を用い，漢字にはルビをつけること，

⑤月に１回発行すること，などだった。そして，これも三郷研で小田原市立図書館の川添猛館長が話してくれた，「郷土資料はみんなが幸せになるための資料だ」という言葉に教えられて，子どもに楽しんでもらえる地域資料を出そうと決めた。子どもたちが生まれ育った町について興味を持ち，面白いと思い，その町が好きになる。そのきっかけになるようなものをつくりたいと考えたのである。

『としょかんこどもきょうどしりょう』はこのような経過で刊行を開始し，毎回２千部発行したがすぐになくなってしまい，何度か増刷したものも少なくない。その人気の秘密は，テーマの面白さや内容のわかりやすさとともに，毎回登場するきつね・ねこ・ぶた・いぬ・ねずみ等のオリジナルなキャラクターの会話や表現の楽しさにもある。しかも，これは地域資料に関する知識と調査研究および研修成果の実践に裏づけられた，図書館ならではの仕事だといえる。

このような成果を評価し，資料の管理や取扱の便利さからもぜひ１冊の本にまとめるようにとの要望もあり，目次と索引をつけて刊行することになった。より多くの子どもたちに利用され，地域についての関心と理解に少しでも役立ててほしいと願っている。

9章 資料保存

　第7章で情報資源の組織化について述べたとおり，組織化には保存も含まれる。資料提供を保障するためには，資料を収集して整理するだけでは不十分である。資料は物理的に良好な状態を維持し，現在の利用者のみならず将来の利用者にも提供できるように配慮する必要がある。

　また，地域資料は永久保存の資料が多く，展示資料として利用されたり，デジタル化によって公開されたりする機会も増えている。このような需要に応え，いつでも，だれでも，いつまでも利用できるように保障するためには資料保存の知識と技術が必要である。しかも，第3章の三多摩地域資料実態調査で分析したように，多摩地域で資料保存対策が進んでいるのは，『地域資料入門』[1]に沿って資料保存の基礎知識を学び，実践したからにほかならない。そこで，本書でも改めて基礎知識と保存対策について解説し，小平市立図書館の実践事例を紹介する。

9.1 資料保存とは

(1) 資料保存の定義

　資料保存の定義は，パンフレット『利用のための資料保存』[67]に記されているように，資料を「いつでも，だれにでも，

いつまでも，利用できるようにしておくこと」である。

（2） 酸性紙問題と資料保存

　酸性紙問題を日本に紹介したのは金谷博雄『本を残す－酸性紙問題資料集』[68] で，1982 年のことであった。

　19 世紀半ばに近代製紙技術が確立し，機械パルプを用いた紙の大量生産技術が普及した。その製紙工程の中でサイジング（にじみ止め）に用いられた硫酸アルミニウムが要因となって，紙の酸性劣化が進んだ。紙は徐々に柔軟性を失って硬直化し，ついには割れてもろくも崩れてしまうようになる。

　小平市立図書館の新聞記事検索データベースで「酸性紙」を調べると，15 件ヒットする。最も早いのは，1983 年 7 月に『東京新聞』の夕刊に掲載された「本が消える　酸性紙製の本が寿命で」の記事で，1990 年 4 月の『日本経済新聞』の記事までに 12 件を数える。この『日本経済新聞』の記事は，「世界の図書館を襲う貴重文献の火災進行中　酸性紙による劣化だけでなく，マイクロフィルムなども短命と解決策なしと，国立国会図書館が」で，国立国会図書館の蔵書の危機が取り上げられている。

　このように，国立国会図書館をはじめ図書館に衝撃を与えた酸性紙問題によって，資料保存に対する関心が高まり，1990 年 4 月に日本図書館協会に資料保存委員会が設置された。

9.2 資料が傷む原因

　資料が傷む原因は，内的要因と外的要因に分けられる。

(1) 内的要因−資料自身がもっている要因

内的要因とは，資料自身がもっている要因のことで，酸性紙と網代綴じ等の糊付け製本による構造上の問題がある。

(2) 外的要因

外的要因は大きく分けて次の4つがある。

① 保管環境が資料に与える影響

【温度・相対湿度】

保管環境の中でも資料に最も影響があるのが，温度と相対湿度である。温度・湿度とも高くなるほど劣化速度が加速されるので，基本的に低い方が資料保存にはよいとされている。また，温湿度の急激な変化も劣化させる大きな要因になる。

【紫外線】

自然光や蛍光灯の紫外線は，光のエネルギーによって色を褪色させ，紙の主成分のセルロース繊維を弱める働きをする。

【チリ・ホコリ】

チリやホコリは，その中に虫の卵やカビの胞子および硫黄酸化物等の大気汚染物質を含む。それが要因となって資料の劣化につながる。また，チリ・ホコリおよびカビは，レコードやCDの目詰まりの原因となり，データ信号が飛んだり読み取れなくなったりする故障が発生することがある。

【虫・カビ】

シバンムシの幼虫は，和紙の書籍や古文書の大敵で，和紙の繊維を食べて成長するため，虫食いの跡が残る。また，シミやゴキブリは書籍の糊を食べて害をもたらす。

カビ等の微生物は，紙や糊および資料に付着した手の油等

を養分として繁殖し，資料を劣化させる。また，古い書籍に見られる茶褐色の斑点（フォクシング）もカビが要因だといわれている。

【磁気】

　ビデオテープや CD 等の磁気媒体の記録資料は，強い磁気に近づけると記録情報が消去されたり，ノイズが発生したりする要因となる。

②　不適切な取り扱い

　不適切な資料の取り扱いとしては，次のようなものがあげられる。利用者のマナーや資料を扱う職員の配慮および事務用品に対する知識が必要である。

【汚破損】

　一部の心ない利用者による書き込みや，切り抜きおよび不注意な飲食や保管状況によって汚破損が発生する。特に紙資料は水濡れに十分注意しなければならない。

【無理な排架・コピー】

　書架に詰め込みすぎたり，大きな資料を狭い書架に無理に押し込んだりすると，資料のゆがみや破損の原因になる。また，無線綴じや針金綴じ，加除式の資料などは，無理に開いてコピーをとると製本が壊れることがある。

【展示】

　展示ケース内の照明や温湿度，ページを開くための錘，壁貼りのための虫ピンなどは，資料の褪色や劣化および損傷の要因になる。展示する場合には長時間の展示を避け，照明を抑える，無理な力をかけない，展示方法に配慮する等の工夫が必要である。

③　逆効果の保存手当

　資料の補修や装備は，場合によって逆効果の保存手当になることがある。

【再製本】

　雑誌の合冊製本や装丁崩れによる再製本は，注意を要する。小口の化粧裁ちによって必要な情報が失われたり，再製本によってのどの開きが悪くなったりして，製本費をかけて再製本しても逆効果の保存手当になることもある。

【セロファンテープ・金属製クリップ・輪ゴムの使用】

　セロファンテープ・金属製クリップ・輪ゴム等の事務用品は，接着層・サビ・材質の劣化速度が速いため，資料の接触部分を損傷する要因になる。

【接着剤】

　製本や補修に使う糊は，接着力が弱いものや変色するものもあるので，注意が必要である。また，資料によっては再補修を可能にしておくために，接着力の強いものを使わないこともある。

④　災害と保管環境

　災害の脅威は東日本大震災で経験したように，建物や人にまで甚大な被害をもたらす。近年自然の猛威はその頻度と勢いを増しており，地震や風水害および火災は大量の資料を破壊し，劣化させる大きな要因となっている。

　資料保存の問題は資料に目を向けているだけでは不十分で，建物や保管環境も考慮しなければならない。建物の構造的な欠陥や雨漏りなどによって，資料の被災を招き損傷をもたらすことになるからである。

9.3 資料を守る5つの方法

資料保存の方法としては、次の5つがある。詳しいことは、『防ぐ技術・治す技術－紙資料保存マニュアル』[69]を参照して理解を深めてほしい。

① 防ぐ：資料の保管環境を整え、傷まないように予防する方法である。

② 点検する：資料の保管環境や状態を点検し、把握する方法である。

③ 取り替える：資料を買い替えたり、代替物を作製したりする方法である。

④ 治す：資料を修理・修復する方法である。

⑤ 捨てる：資料収集方針に基づき資料を廃棄する方法である。

9.4 資料の保存ニーズを把握するための3つの要素

資料に対する保存対策の必要性を判断する基準として、次の3つの要素がある。

① モノとしての状態…その資料がどれだけ劣化しているか

資料の材質・構造・特質に照らして、その資料がどれだけ劣化しているかを調べる。状態に応じてどのような保存対策が可能で、どの程度の効果が期待できるか判断する。

② 利用の頻度…どれだけ利用回数があるか

資料によっては、一定期間経過すると使われなくなったり、内容が古くて時代にそぐわなくなったりするものもあれば、古くても使われる資料もある。その資料のこれまでの利用状

況を調べ，今後どの程度利用されるかを予測する。

③　現物として残す必要性…そのまま残す必要があるか

改訂版の発行や媒体変換等によって他に代替できる資料や汚破損による劣化等によって使用に耐えない資料は，現物として残す必要性が低いと判断される。ただし，古いからこそ当時の状況や事情を知る貴重な資料となることもあるので，価値判断は慎重に行う必要がある。

地域資料は現物で残す必要性が高い資料が多いといえるが，保存対策の適用については保存ニーズと状況に応じて個々に判断する以外にない。

9.5 資料保存の調査と計画

資料がどのような要因で劣化しどのような保存対策があるかを理解したうえで，自館の資料の保存状態を把握するためには調査を行う必要がある。調査目的に応じて調査方法や項目を検討し，サンプル調査や部分的な調査によって全体的な傾向を把握し，資料保存対策の必要性を検討することになる。

地域資料に限定して調査することは比較的容易で，日常的に取り扱っている資料ならば，経験的におおよその傾向はつかめるはずである。しかし，調査の目的は単に資料の劣化状態を把握することではなく，必要な保存対策の実施に結びつけなければ意味がない。

具体的な保存対策の実施につなげるためには，次の2つが要点になる。

①　組織的・計画的な取り組み

個人的な思いつきで実施するのではなく，組織的な理解と

支援を得たうえで，計画的に実施することが求められる。

② 段階的・選択的な実施

調査によって課題が明らかになったら，資料保存方針を立て，具体的な資料保存計画を実施する必要がある。

基本的な技術の習得と簡単な事務用品を用いて実施できる保存対策もあれば，専門的な技術やまとまった予算を必要とする施設改修等の保存対策もある。これらを想定したうえで，予算や人員に応じた段階的で選択的な実施が求められる。

9.6 保存対策の具体例

保存対策の具体例は，『容器に入れる』[70)]や『目で見る「利用のための資料保存」』[71)]に紹介されているので，そちらを参照してほしい。

①から④は基本的な技術の習得と簡単な事務用品を用いて実施できる保存対策であり，⑤から⑧は専門的な技術やまとまった予算を必要とする保存対策である。

① 保存容器（箱・封筒・ブックシュー）に入れる

② 出版物への中性紙使用

③ 調湿紙の使用

④ フィルム封入法

⑤ 紫外線の防止（紫外線防止型蛍光灯・フィルム，LED ライト）

⑥ リーフキャスティング

⑦ マイクロフィルム

⑧ 脱酸処理（DAE 法－ドライ・アンモニア・酸化エチレン法，BK 法－酸化マグネシウム法）

9.7 メディア変換

　資料の中には，劣化が進んで取り扱いが困難な資料や，古文書や古典籍等の稀少価値のある資料，特別コレクション等で利用頻度が高い貴重書といった資料がある。これらの資料の利用を保障するために，マイクロフィルムや CD，DVD 等の代替物に記録し直す媒体変換も保存対策の一つである。

　また，デジタル変換した資料はデジタルアーカイブとしても利用できることから，活用の範囲が拡大している。

（1）　資料の推定寿命

　資料の媒体変換を選択するうえで，資料の種類によってどの程度の寿命があるかは，重要な要素である。そこで，『りーふれっと資料保存』の「2　資料保存 Q&A」[72)] によって確認すると，下記のとおりである。

【表 9-1】　媒体の種類と寿命

種　　　　　類		寿　　　命
紙（中性紙）		250〜700 年
紙（酸性紙）		中性紙の 1/4 程度
マイクロフィルム（PET ベース）		約 500 年
LP レコード		約 100 年
磁気テープ	ビデオテープ，カセットテープ	30 年以上
フロッピーディスク		20 年以上
光ディスク	CD-R	10〜30 年
	DVD-ROM	約 30 年

(2) 紙以外の資料における利用上の留意点

　紙資料は，資料さえあればそのまま利用できるのが大きな利点である。しかし，機械を使って読み取る必要のある資料は，次のような環境が整備されていなければ利用できない。

① 　メディアに対応した機器
② 　電源

(3) 光ディスクの保存上の留意点

　CD-R，DVD-ROM 等の光ディスクは，保存するうえで次の点に留意する必要がある。ただし，①については技術の進展により研磨することによって修復可能になっている。

① 　カビ・ホコリによる目詰まり

　光ディスクは，円盤の溝に光を照射し，反射してきた光によって溝に刻まれた信号を読み込み，画像や音声を再生する仕組みになっている。そのため，溝にカビやホコリがあると信号の解析に支障が生じることがある。

② 　熱による盤面の変形

　熱によって盤面が変形すると，溝から反射する光が信号解析部に届かず，読み取れなくなる。

③ 　圧力による変形・破損

　光ディスクの盤面に無理な圧力がかかれば容易に変形・破損し，使えなくなる。

(4) メディア変換と留意点

　メディア変換を進めるうえで留意すべき点は，次のとおりである。

① 利用特性に応じたメディアの選択

代替物の保存や法的な証拠能力を求めるのであれば，マイクロフィルムが優れている。しかし，利用のしやすさの点では紙の複製物が便利で鮮明であるが，インターネット公開や配信を考えるとデジタル化が必要である。

② メディアの寿命に応じた再変換

前述したようにメディアには寿命があり，保存性に大きな開きがある。特に，デジタルメディアの媒体である光ディスクは寿命が短いことから，定期的に再変換する必要がある。

③ 利用・保管・再生環境と経済性

メディア変換は利用を保障するために行うわけであるが，その形態に応じて利用方法や保管環境が異なるので施設や機器を整える必要がある。また，メディアの作成経費や維持，機器のメンテナンス，再変換等の経済性を考慮して判断する。

9.8 小平市立図書館の資料保存対策

資料保存の技術や対策は地域資料に限ったものではなく，図書館資料全般に適用される。しかし，図書館資料の中でも地域資料は長い期間利用され，資料価値の高いものがあることから，資料保存への理解と対応が必要である。

小平市立図書館の次の保存対策を見てもわかるように，必然的に地域資料関係の保存手当が中心になっている。なお，小平の事例は『資料保存ワークショップ記録集』[73)]，『図書館と資料保存』[74)] および『アーキビスト』[75)] に報告したので，ここでは項目の紹介と概要説明に留める。

(1)　一般図書に対する手当

　一般図書に対する手当は次のとおりで，全館で対応している。

① 　しおりに利用マナーを印刷して利用者に注意を喚起する

② 　貸出図書返却時の点検と事故処理伝票での処理

③ 　エタノールを使用した返却図書の清掃

(2)　地域資料に対する手当

　地域資料に対する手当は，中央図書館が中心である。

① 　刊行物への中性紙使用と糸かがり製本

② 　保存用未整理図書への中性紙段ボール箱の使用

③ 　閉架書庫の温湿度調査

④ 　閉架書庫への調湿紙使用

⑤ 　閉架書庫への紫外線防止型蛍光灯の使用

⑥ 　チラシ等へのフィルム封入法の適用

⑦ 　保存箱の作成

(3)　古文書・古書に対する手当

　古文書や特別文庫の古書に適用した手当は，コレクションの収集館である中央図書館で実施したものである。

① 　中性紙封筒の使用

② 　桐箱・中性紙段ボール箱の使用

③ 　書庫および整理室での紫外線防止型蛍光灯の使用

④ 　補修のためのリーフキャスティング・少量脱酸処理

⑤ 　データロガーによる書庫の温湿度調査

⑥ 　利用のための複写製本の作成

⑦ 　媒体変換としてのマイクロフィルム撮影

⑧　マイクロフィルムキャビネットへの調湿紙使用
⑨　目録や史料集の中性紙使用と糸かがり製本

（4）　地域資料収集方針の作成

地域資料収集方針の中に資料保存方針を盛り込んでいる。

（5）　地域資料の調査と計画

『資料保存の調査と計画』[76)] に報告した「地域資料の調査と計画」の概要を紹介する。

①　地域資料の全国調査

『地域資料に関する調査研究報告書』[39)] の調査によると，資料保存の方針・基準を設けている図書館で，それを成文化しているところが54.7％ある。また，これらの図書館でどのような資料保存対策を実施しているかを見ると，次のように多様な資料保存対策に取り組んでいることがわかる。

【表9-2】　資料保存対策の実行率

調　査　項　目	実行率
1．資料保存の環境が整った部屋がある	18.4％
2．資料保存の措置をとっている	25.1％
3．資料の脱酸処理をしたことがある	3.1％
4．資料のくん蒸処理をしたことがある	22.4％
5．新聞の媒体変換をしたことがある	25.1％
6．新聞以外の資料の媒体変換をしたことがある	23.7％
7．保存環境や資料の劣化調査をしたことがある	3.5％

② 日常的な資料調査

　小平市立図書館で実施している日常的な資料調査としては，全館で貸出資料の返却時に実施している事故処理伝票による調査がある。これは修理不可能な汚破損や，修理を要するページ剥がれ・破れ・書き込み・装丁崩れ等の状態をチェックし，資料の補修につなげる対策である。

　このように小平市立図書館の地域資料に対する資料保存対策は，古文書のリーフキャスティング法の導入を含め多様な対応をしている。この背景にあるのは，「利用のための資料保存」であり，資料は使われてこそ意味があるという理念である。

　この理念の実現のためには，利用を促進し広報に努める必要がある。職員研修や市民講座等の機会に資料の内容や特色について説明し，情報発信に努めることが真にアクセスを保障するのである。計画を立て実践しただけでは不十分で，利用されてこそ価値があるものといえる。

9.9 古文書の保存対策

　古文書の整理に着手した当初は資料保存に対する知識がなかったために，古文書をクラフト紙の封筒に入れて整理を開始した。しかし，新聞報道等で酸性紙問題について知り，古文書目録の書籍用紙と封筒を中性紙に変更すべきことに気づかされた。

　当時は全史料協にも加盟せず関東部会の存在も知らなかったが，1982 年発行の古文書目録第 4 集から中性書籍用紙に切り替えた。これは近世史料取扱者講習会を開催している国立

史料館よりも早かったことから，国立史料館からも注目される ことになり，関東部会で小平市立図書館の古文書整理につ いて発表することになった。これを契機に，月例研究会に誘 われて常連として参加し，史料整理と資料保存についての理 解を深めていくことになる。また，日本図書館協会に資料保 存委員会が創設された1990年に，筆者は関東部会の推薦を 受け，委員を引き受けることになった。

このようにして深まった知識を基に，小平市立図書館に寄 託された古文書に次のような保存手当を行っている。

（1）　中性紙の封筒と保存箱

角3と角2および縦長の中性紙の封筒を作製し，表に標題， 年代，差出人・受取人，形態，枚数，状態注記，備考欄を印 刷して書誌事項を記入している。既存の封筒に収まらないも のは，大きさに合わせて中性紙の厚紙で保存箱を作成してい る。

（2）　桐箱の作製

角2と細長の封筒が入る大きさの落とし蓋式の桐箱（30 × 48 × 33cm）を作製して収納するとともに，追加寄託された古 文書や古書等の一部の資料には既製品の中性紙の段ボール箱 を使っている。

（3）　書庫管理

紫外線防止型の蛍光灯を使用し，定期的な書庫燻蒸は行わ ない。燻蒸は，虫・カビの殺虫効果はあるものの予防効果は ないので，定期的に実施するのは意味がない。

(4)　古文書の保存状態調査

　市の所有物および指定文化財は全点調査をすることにし，次の「古文書資料状態チェック表」を作成して原資料のチェックを実施した。

【表9-3】　古文書資料状態チェック表

分類	番号	形態	虫食	シミ	破損	要修復	枚数	その他

(5)　古文書補修とリーフキャスティング

　小川家文書と一部の古文書で虫損および劣化の激しいものはリーフキャスティングと少量脱酸処理を施して補修している。リーフキャスティングとは，新しい紙の繊維（パルプ）を水に分散させて古文書の欠損部に補填する修復技術で，仕上がった資料の厚みがほぼ変わらないのが特長である。

　小平市立図書館の資料保存と古文書補修については，『小平市立図書館の資料保存と古文書補修』[77]（https://library.kodaira.ed.jp/reference/komonjo.html#komonjo05）に報告している。

(6)　リーフキャスティング法の導入経過

　小平市立図書館に，火災によって被災して廃棄するしかないと思われる資料が持ち込まれて保管していた。この資料は，水濡れとカビおよび酸性劣化によって1枚の分厚い板状になり，劣化が進んで硬直化したものであった。剥がすことは資料を破壊することとしか思われなかったものである。しかし，

リーフキャスティング法という修復技術との出会いによって，丹念な基礎作業と資料の養生および手当が施された。その結果，廃棄寸前だった資料は，1枚1枚開くようになり見事に蘇った。

　このことを契機にリーフキャスティング法による古文書の修復予算が認められた。画期的な技術ではあるが，予算の関係でどの資料に適用するのか明確な基準と資料の選別が必要になった。そこで，古文書補修の選定基準は次のようにした。
・市の所有物および指定文化財に限定する
・虫食い，シミ，汚破損が甚だしいもの
・資料形態に欠損がなく完全な形態のもの
・史料価値の高いもの
・原資料の利用頻度が高いと予測されるもの
　小平市立図書館では，小川家文書をはじめとして1,672点の古文書のリーフキャスティングを実施している。その事業報告書が『小平市立図書館の資料保存と古文書補修』である。

（7）　地震対策

　1995年の阪神・淡路大震災は，図書館にも大きな被害をもたらした。このことを契機に地震対策として，古文書書庫に収納している保存箱の落下防止対策およびファイリングキャビネットの施錠を実施している。

　保存箱の落下防止は，写真のように書架ごとに太紐と止め金具を用いてストッパーを設置したものである。また，ファイリングキャビネットの施錠は，鍵をかけておけば防げた次の事態を防ぐための対策である。阪神・淡路大震災のときに施錠されていないキャビネットの引き出しが飛び出して転倒

したり，収納されていた資料が落下したりして汚破損につな
がったのである。

【図9-1】　古文書庫の落下防止対策

利用のための資料保存と
公文書管理法

　地域資料サービスを実施するうえで不可分なのが，資料保存の問題である。そのため，『地域資料入門』[1)]には一章を割いて「資料の保存」を取り上げている。詳しくは，『地域資料入門』の第5章および日本図書館協会の「シリーズ・本を残す」や『資料保存の調査と計画』[4)]，『資料保存のための代替』[78)]等の資料を参照されたい。

　日本図書館協会の資料保存委員会は，それまで相反する概念と考えられていた利用と保存を，資料を保存するのは利用のためであり，利用を保障するためにこそ保存しなければならないと規定した。そして，資料をいつでも，だれでも，いつまでも，利用できるようにしておくために『利用のための資料保存』[67)]というパンフレットを作成し，この考え方を示した。つまり，図書館資料は利用者のためにあり，利用を保障するためにこそ収集し，整理するとともに，さまざまな利用手段を整え，いつでも，だれでも，いつまでも，利用できるように維持しなければならないといえる。

　さて，市史編さん事業を進めるうえで何よりも必要なのは資料であり，古文書と公文書および記録写真や新聞記事である。しかし，必要な資料はそれだけではない。特に近現代史の調査研究には，行政資料や市民活動の記録である公民館や自治会・PTA・諸団体および企業等の会報や記録，子どもたちの文集まであらゆる地域資料が役に立つのである。その点で図書館に多様な地域資料が集められていることは，心強く頼りになる。しかも，図書館資料は書誌登録されて探しやすいばかりでなく，資料によっては索引や内容目録がつくられており，限られた調査の時間が大変節約できる。そのうえ開館時間が長く，場合によってはレファレンスや資料の取り寄せが頼めるのだから，市史編さんにとって図書館の協力は必要不可欠である。

　2011年度に「公文書管理法」が施行されたが，財政状況が

厳しい中でどの自治体でも施設の問題が高いハードルとなって，具体的な進展があまり見られないようである。

　しかし，その第1条の目的に「主権者である国民が主体的に利用し得るものであることにかんがみ，国民主権の理念にのっとり，公文書等の管理に関する基本的事項を定めること等により，行政文書等の適正な管理，歴史公文書等の適切な保存及び利用等を図り」と記され，まさに利用のための資料保存の考え方が明記されている。このことは，図書館の地域資料サービスで培われた，資料の収集と整理および保存の技術を活かす機会ともいえる。また，秋田県立図書館や栃木県芳賀町総合情報館のように施設と利用環境を共有することができれば，図書館が改めて行政運営と地域課題の解決のために，重要な機能を果たせるのではないだろうか。

10章 資料の活用と情報発信

　図書館業務の中でもレファレンスは不可欠のサービスである。どこの図書館でも，個人的な疑問や興味関心について調べたり，仕事上の課題を調べたり，家庭や地域の課題解決および町づくりといったことまで多様な調査の相談に応じている。公立図書館では，このようなレファレンスの中でも地域に関する調査が一定の割合を占め，同様の質問を繰り返し受けることが多い。

　また，地域資料サービスの充実のためには，資料の活用を進めるとともに，ボランティアの支援と情報発信が欠かせない。

　このことから，まず地域資料をレファレンスに活用するための組織づくりとレファレンス記録およびパスファインダーについて記す。

10.1 レファレンスのための組織

　レファレンスの頻度や件数の差はあっても，レファレンスを受けない図書館はない。しかし，職員の個人的な努力と資質に頼ってレファレンスを行っているだけでは，図書館全体のレファレンス能力を向上させることは困難である。レファレンスを図書館業務の中に明確に位置づけ，レファレンスツ

214

ールを構築し，レファレンス記録を活用できる組織づくりができないと，機能的なサービスを行うことは困難である。

1975 年に開館した小平市立図書館で，25 年以上の年月が経過してもレファレンスの組織が不十分だったことは，「組織改正でレファレンス対応を明確化」[79] で報告した。この報告に沿って，レファレンスの組織とレファレンス記録の活用について述べる。

(1) 小平市立図書館におけるレファレンスの問題点

『公立図書館の任務と目標　解説』（日本図書館協会，1989）に「図書館サービスの基本は，資料提供である。そして資料提供は，貸出しとレファレンス・サービスによって成り立つ」と規定している。このことからも明らかなように，レファレンスサービスが図書館サービスの基本である。しかし，組織として取り組む体制がなければ事業の継続と蓄積が保証できず，サービスを維持するためには，レファレンスを図書館サービスの基本的な柱として位置づけ，組織として取り組むことが必要である。

小平市立図書館では開館以来，全館でレファレンスサービスを実施してきており，2002 年には参考図書の蔵書冊数が約 27,000 冊あり，1988 年に出版された『多摩地区図書館活動の実践の中から』[36] でも，多摩地域で参考図書冊数が最も多い 1 万冊以上の 3 館に含まれている。それにもかかわらず，レファレンス処理件数が不明の 15 館に含まれ，2001 年までの『日本の図書館』の参考業務件数にも統計数値が記されていない。しかし，小平市にもレファレンス記録票が存在し，記録は残されていた。

(2) 調査係の設立経過

　小平市中央図書館には2000年まで管理係と奉仕係の2係が置かれ，事業的な仕事は奉仕係が担当していた。しかも，事業的な仕事は担当者に任され，レファレンスカウンターは司書がローテーションで務めていた。レファレンス担当は選書・発注・受入・整理の統括者が兼任していて，事務量がパンク状態にあり，レファレンスの事務改善までは手がまわらなかった。このように事務分担が固定化し，その体制で仕事をすることが長年続いて常態化することによって，当時の仕事のやり方に慣れて，疑問をもたなくなっていた。

　しかし，図書館界にも新しい時代の波と変化が迫っており，1997年に着手した『地域資料入門』[1]の編集作業と，翌年に始まった「公共図書館電子化プロジェクト」への参加は，そのことを如実に感じさせてくれた。これらの会議に参加し議論することによって，今後の図書館サービスのあり方が顕在化し，先進的な取り組みをしている図書館の実態が見えてきたのである。

　このことによって，レファレンスの取り組みについて考え，小平市立図書館における最も重要な問題として意識することになった。そして，レファレンスの取り組みが遅れている原因は，事務分担のあり方とリーダーシップの欠如にあると認識するに至った。問題を認識したからといって，組織のこととなると簡単に解決できるものではない。しかし，2000年10月には地区図書館の新設を控えていたこともあって，図書館運営検討委員会を設けて組織改正の検討をすることになった。

　この結果，係としては2係しかないが，同等職の主査のポ

216

ストが 2 つあるので全体の職務分担を見直すことによって，庶務係・サービス係・資料係・調査係の 4 係に組織改正することになった。レファレンスをどの係に位置づけるのかが議論になったが，立川市の事例にならって地域資料とレファレンスを一緒にし，調査係を創設することにした。こうして，専任のレファレンス担当者を配置した。

(3) レファレンスへの取り組み

① レファレンス記録票の作成

以前から存在したレファレンス記録票がなぜ機能しなかったのかを分析した結果，記録するだけで未整理なために，活用できなかったことが明白になった。『多摩地区図書館活動の実践の中から』[36] に「これらの記録は単なる記録ではあまり意味をもたない。記録をどのように活用するのかという目的意識がなければ，つい平素の忙しさの中でなおざりになろう」と指摘されているように，活用できるように整理されていなければ意味がないのである。つまり，記録するならばその活用方法を明確にするとともに，統計の処理方法を確立しておく必要がある。

そこで，改めて立川市中央図書館に出向いて教えを請い，ノウハウの習得をした。そのうえで，次のようなレファレンス質問票・記録票および統計表を作成して準備を進めた。

質問票は，質問の主旨や調査経過を記入して，後刻回答するための書式。記録票は，5 件書き込める簡便なものと，調査経過から回答を単票に記録するものの 2 種類の書式。統計表は所蔵調査と参考調査に分けて日計で件数を記録する書式である。

受付日時	年　　月　　日　　時　　　分					担当者	
受付方法	□口頭	□電話	□文書	□FAX	□e MAIL	□その他	
質問者	□一般	□学生	□児童	□総合学習	□本庁	□その他	

質問内容

(回答期限　　　　/　　　　まで)

質問の典拠（どこで聞いたか、何で見たか、出典など）および調査済み資料も書いてください。

回答日時	年　　月　　日　　時　　　分					担当者	
回答方法	□口頭	□電話	□文書	□FAX	□e MAIL	□その他	
回答様式	□言語・文字	□事物・事象	□歴史・日時	□地理・地名			
	□人物・団体	□法令・判例	□地域情報	□ビジネス支援	□その他		
処理結果	□資料提供（市内所蔵）	□資料提供（国会図書館）	□商用データベース				
	□資料提供（都立図書館）	□資料提供（その他）	□他の機関を紹介				
	□資料提供（他市図書館）	□インターネット	□回答できず				

調査経過・回答内容

【図 10-1】　小平市立図書館レファレンス記録票

②　レファレンス記録と統計のスタート

　新たな体制とシステムを導入し中央図書館で記録を取り出
したのは，2001 年 1 月である。この結果，2001 年度には中央
図書館だけで 4,413 件の実績が記録された。

記録票はフラットファイルに綴って参照できるようにするとともに，索引をつけた件名一覧を作成して全館に配布している。

　レファレンス件数の統計は，職員の意識の問題が大きく，きちんと記録や統計をとる者とそうでない者がいる。力量の差もあるが，意識の差が大きいと思われる。研修，ミーティングでの働きかけを通して意識を高めていく以外にないのが現状である。

　2002年度からは，図書館事業計画にレファレンス業務を位置づけ，次の項目を記している。
・レファレンス資料の再整理および記録化の促進
・レファレンス記録のデータベース化の検討
・小・中学校の総合学習や調べ学習の支援
・行政情報サービスおよび調査支援の検討

　また，2002年度はコンピュータシステムのリリースの年だったことから，レファレンス記録が入力できるシステムを加え，データベースを構築することによって全館で利用できるようにした。

(4)　係設置以後の進展

　はじめは，中央図書館だけで実施したレファレンス記録と統計であったが，2005年5月からは全館で実施するに至った。その結果，2017年度までの合計で，32,452件を数え，中央図書館だけでも16,759件となっている。

　2007年度から開始したレファレンスの職員研修は，年度当初に初任者研修を開催し，年4回開催されている全体会議の日に職員および嘱託職員全員を対象に実施するなど定着して

いる。また，随時専門家を呼んで実習を積み重ねている。

　2009 年 3 月にホームページでのレファレンス事例の公開
を開始し，代表的なレファレンス事例を掲載するに至った。

10.2 レファレンス記録と地域資料

（1）　レファレンス記録の蓄積

　前述したような経過で調査係を設置しレファレンス記録を
作成することによって，レファレンス記録は下記のように着
実に蓄積されていった。

【表 10-1】　小平市立図書館レファレンス記録票件数の推移

	2002	2003	2004	2005	2006
中央	115	110	102	140	178

	中央	地区	小計
2007	52	12	64
2008	66	33	99
2009	110	38	148
2010	206	15	211
2011	185	28	213
2012	209	11	220
2013	118	11	129
2014	89	21	110
2015	29	9	38
2016	32	4	36
2017	17	6	23
合計	1,758	188	1,946

(2)　レファレンスと地域資料

　『図書館雑誌』に「レファレンスの事例とその活用」という特集が組まれ，三多摩郷土資料研究会で作成した『三多摩関係レファレンス事例集』の分析を通して，「郷土資料の質問と記録」[80]について報告している。

　ここで指摘していることは，次のとおりである。

① 　市町村史・史料集および行政資料が基礎資料となること。
② 　市史類の索引が有用であること。
③ 　レファレンスの傾向を把握し，それに対応した蔵書構成を図ること。
④ 　子どもの質問に対応した自館作成資料が必要なこと。
⑤ 　資料収集と資料調査で経験や知識を積み重ね，共同研究と書誌作成が必要なこと。

　このような結果を受けて，多摩地域の図書館では行政資料を含めた基礎資料とレファレンスの傾向に応じた主題資料の充実を図り，市史類の索引や子ども向けの自館作成資料を作成した。

(3)　レファレンス研修

　このように会としての着実な実績と積み重ねがあるからといって，それが必ずしも職員個々人の力量にはつながらない。まして，地域資料担当者以外は研究会に参加する機会は限られている。この現実を踏まえたうえで，どのようにしたら組織としてレファレンスの能力を維持し，向上していけるのかを考える必要がある。

　多摩地域でのレファレンスの研修機会について考えてみると，このほかに東京都立図書館や多摩六都での研修がある。

小平市立図書館では職員全体会議で研修や視察の報告を実施し，成果の共有を図っているが，このような機会に伝えられるのはエッセンスのほんの一部にすぎない。

そこで必要になるのが，テーマごとの個別研修であり，レファレンス記録の整理と共有化である。レファレンス記録は，記録しておくだけでは不十分であり，整理して活用できるように維持・更新することが必要である。

10.3 パスファインダーの作成

最近の図書館ではレファレンスツールとしてパスファインダーが欠かせない。地域資料としても避けて通れないものである。『情報サービス論』[81)]，『パスファインダー作成法－主題アクセスツールの理念と応用』[82)]，『パスファインダー・LCSH・メタデータの理解と実践』[83)]等を参考に研究を進め，実践することが望まれる。

(1) パスファインダーとは

『情報サービス論』[81)]では次のように定義している。

パスファインダー（pathfinder）とは，利用者が特定の主題の調べものにとりかかる際に役立つ手引を，図書館があらかじめ準備して，一枚物（リーフレット）や Web サイトを通じて提供するものである。

この定義にあるように，特定の主題ごとにまとめたレファレンスの手引きがパスファインダーであり，自動車の道先案

内に必要なカーナビのようなものである。同じ職員が対応していても，人間は記憶違いや物忘れがある。まして，何人もの職員が交代で対応することで，微妙な差異が生じることは否めない。このような課題を解消するためにも，繰り返し質問を受けるレファレンス事例を整理して，主題に応じたパスファインダーを作成することが大切である。

　特に地域資料は，同様の事例を繰り返し質問されるケースが多いため，作成する必要性が高いといえる。そこで，次に『情報サービス論』に記されているパスファインダーの構成要素と作成手順を紹介する。

(2)　パスファインダーの構成要素

① 　主題
② 　主題範囲
③ 　キーワードや分類
④ 　入門書や解説書
⑤ 　便覧，百科事典，辞典
⑥ 　図書
⑦ 　雑誌
⑧ 　二次資料
⑨ 　機関や団体
⑩ 　リンク集

(3)　作成手順と管理

① 　全体の基本設計を決める（タイトル，作成方針，レイアウト）
② 　主題を決める
　・レファレンス質問の多い主題

・地域に関する主題

　　・他館で作成されている事例

③　企画書をまとめる（作成目的，利用対象，概要，担当者，日程）

④　掲載する情報資源を決める（請求記号・排架場所，ウェブサイトの URL）

⑤　執筆する　⇒　わかりやすい文章で簡潔に記述する

⑥　配布・公開する

⑦　メンテナンスする

　パスファインダーを作成するうえで必要な構成要素と作成手順がわかれば，今まで蓄積してきたレファレンス記録を活かして，具体的に作成してみることである。そのために参考になるのが，国立国会図書館や都道府県立図書館および近隣の先進事例である。

　そこで，次に国立国会図書館と東京都立図書館のリンク集および事例を紹介する。小平市立図書館では，これらの事例を参考にして下記のようなパスファインダーを作成することができた。

　実際に作成してホームページに公開した結果，何よりも職員が便利に使いこなし，利用者も徐々に気づいて使い始めている。

1）国立国会図書館　公共図書館パスファインダーリンク集

　　（https://rnavi.ndl.go.jp/jp/guides/pubpath.html）

　　全国の都道府県立，政令指定都市立図書館が Web 上に公開しているパスファインダー

2）東京都立図書館　本・情報を探す　テーマ別調べ方案内

　　（https://www.library.metro.tokyo.lg.jp/search/research_guide/）

(4) 小平市中央図書館の事例

① 参考図書編

・資料・情報の調べ方 ・人物情報 ・新聞・雑誌記事
・統計情報 ・法令情報 ・日本の古典 ・文学の翻訳書
・日本の詩歌 ・白書 ・言語辞典（欧米） ・健康・医
療情報 ・歴史情報 ・地理・地名情報 ・地図情報

② 地域情報編

・地域資料・情報の調べ方 ・行政情報 ・小平の歴史
・玉川上水

（https://library.kodaira.ed.jp/local/reference/pathfinder.html）

10.4 レファレンス記録の活用

　パスファインダーは，あくまでも調査のための方法や手順を知るための案内であって，単なる蔵書目録や具体的なレファレンス事例ではない。ある主題について調べる方法を知りたい人もいるが，大半の人は具体的な課題を抱えていて，その内容を知りたいと思っているのである。これらの要望に応える手がかりが過去のレファレンス記録であり，レファレンス事例集だといえる。また，レファレンス事例集は簡潔に書かれているので，コラムとして読むこともできるし，調べる喜びや知る楽しみを味わうこともできる。

　小平市立図書館では，次のような地域資料のレファレンス事例集をホームページに掲載している。

(1) 小平に関するレファレンス事例集

① 玉川上水の生物について知りたい。

② 「たから道」の由来について知りたい。

③ 「たぬき掘り」の由来について知りたい。

④ 箱根土地会社による小平の開発について知りたい。

⑤ 府中街道沿いの久右衛門橋付近の船溜まりについて知りたい。

⑥ 小平で歴史的に著名なハンス・ハンターとはどのような人物か？

⑦ 小平市内にまいまいず井戸があったと聞いたが？

⑧ 小平の月平均気温について知りたい。

⑨ 小平の街道について知りたい。

⑩ 小平の屋敷森について知りたい。

⑪ 小平の地名地番の変遷について知りたい。

⑫ 小平の祭りについて知りたい。

⑬ 戦時中，小平・国分寺付近でB29（戦闘機）が撃墜され墜落したと聞いたが，いつ頃，どの辺りか。

⑭ 小平の防空壕について知りたい。

⑮ 玉川上水の空襲跡を知りたい。

⑯ 中央図書館のライオンはいつ設置されたのか？

⑰ 小川村地割図が見たい。

⑱ 小平市内の玉川上水の橋の由来が知りたい。

⑲ 小平音頭がいつ誰によって作られたか？歌詞も知りたい。

⑳ 小平の名産・名物について知りたい。

㉑ 戦後，小平に米軍の輸送機グローブマスターが墜落した事故について知りたい。

㉒ 小平の昔の写真を見たい。

㉓ 小平の古い地図を見たい。

㉔ 小平市内にあるお寺や神社について調べたい。

（https://library.kodaira.ed.jp/reference/kodaira.html）

(2)　レファレンス記録の見直し

　しかし，レファレンス記録の蓄積でも述べたように，2002年度から2017年度までの16年間で中央図書館だけでも1,700件を超えるレファレンス記録が残っている。この記録の一部である地域資料のレファレンス事例しか活用されていないのは残念である。

　そこで，2017年度にこれらの記録の見直しを実施し，レファレンス協同データベースへの登録を目指すことにした。

(3)　レファレンス事例の再構築

　レファレンス記録の見直しをしてみた結果，次のような課題が明らかになった。

・重複する事例や同じような事例が散見される。
・資料調査が不十分な事例や不適切な事例がある。
・現在では存在しない資料や古くなって役に立たない事例がある。
・記述内容が不十分で書誌事項や収録ページの確認が困難なものがある。
・新しく出版された資料を加え，再調査した方がよい事例がある。

　以上のような理由から今後も役立つと見込まれる事例を選び，改めて資料を調べ直してレファレンス事例の再構築をすることにした。

　最初にExcelで一覧表を作成し，すべて出典を調べ直して記載内容を再確認するとともに，必要に応じて新しい資料や

未調査の資料も加えて再調査を実施した。この結果，633 件の事例を整理することができた。

（4）　レファレンス協同データベースへの登録

　「レファレンス協同データベース」（https://crd.ndl.go.jp/reference/）に記録を登録するため，Excel で作成した一覧表に件名と NDC 分類を加えて下記のような仕様を整えた。この記録票を作成したことにより，2018 年度からのレファレンス記録は，LAN 上の共有ファイルにこの票を掲載し，全館で共有して入力することにした。

質問	公開レベル「1（自館のみ参照）」	管理番号「20XX. XX（館）. XXX（連番）」	回答	事例作成日「20XX. XX. XX」	「解決（0）/未解決（1）」	キーワード（半角セミコロンで連結）	NDC（3ケタ）（半角セミコロンで連結）	備考

【図 10-2】　レファレンス記録票

　レファレンス協同データベースへの登録を実行したのは 2018 年 1 月である。今までファイリングキャビネットに収められて眠っていた記録を再整理して，公開することによって活用の道が開かれ，736 件のデータを登録している（2022 年 3 月 31 日現在）。

10.5　地域資料の情報発信

　2018 年 12 月の『朝日新聞』の報道によると，2020 東京オリンピックのボランティアに 18 万 6 千人の応募があったと

いう。2011 年 3 月 11 日の東日本大震災以降，ボランティア活動が活発になっていることは，周知のとおりである。このようなボランティア活動の活性化の背景に，市民参加や市民協働の意識の広がりがあることは容易に推測できる。また，ボランティアのこれらの事業への参加意識を盛り上げたのは，さまざまなメディアによる情報発信が大きな要因になっているものと思われる。

　このような状況は図書館にとっても例外ではない。図書館の事業を広報し，市民の支援を得るためには，情報発信をしていかなければならないことが明らかである。『これからの図書館像』[2)]にこれからの図書館サービスに求められる新たな視点として，「これからの図書館は，従来のサービスに加えて，これらを始めとするサービスや情報提供を行うことによって，地域の課題解決や地域の振興を図る必要がある」と記されている。改めて確認するまでもなく，これからの図書館サービスに求められるのは，地域の課題解決である。そして，地域の課題解決に取り組むためには，地域のことを知るための資料と情報が必要であり，地域資料が不可欠であることを示している。

　しかし，地域資料を収集・整理して整えれば十分なわけではなく，地域の課題解決のためにそれを必要とする人に，その存在を知ってもらい活用してもらうための広報活動・情報発信が求められるのである。そのことを示した 2 つの資料を確認しておきたい。

1）　『これからの図書館像』の第 2 章 2 節(3)項に次のように記されている。

　　課題解決支援において特に重要なのは，（中略）付加価値

を高める工夫をすることである。具体的には，関連資料の案内図やサインの整備，テーマ別資料コーナーや展示コーナーの設置，文献探索・調査案内（パスファインダー）やリンク集の作成などがある。関係機関や団体との連携によって講座や相談会等も開催できる。これらの活動についてホームページを用いて情報発信すると効果的である。

2）　「図書館の設置及び運営上の望ましい基準」第二　一節（三）項に次のように記されている。

　　市町村立図書館は，当該図書館に対する住民の理解と関心を高め，利用者の拡大を図るため，広報紙等の定期的な刊行やインターネット等を活用した情報発信等，積極的かつ計画的な広報活動及び情報公開に努めるものとする。

これまで記してきたように，地域資料には多様なコレクションがあり，組織化されている。また，索引や目録・資料集・パスファインダー等の作成，展示会や講演会の企画・開催といった事業も展開されている。これらの活動を効果的に実施し評価してもらうためには，市報や新聞等による広報やホームページを活用した情報発信に努める具体的な取り組みが必要なのである。

10.6 情報発信の先進事例

　情報発信には，事業や行事の案内といった臨時的なものと，日常的に実施しているサービスやコレクションを紹介する恒

常的ものがある。その中でもホームページでの情報発信は，時間や場所に限定されることなく見たり調べたりすることができるという点で，大きな効果が期待できる。しかし，見てもらうためにはテーマや内容構成はもとより，デザインや表現等のセンスが求められる。

　そこで，優れた先進事例に学ぶことによって多くの知見を得る機会となり，発見につながる場ともなることから，いくつかの事例を紹介する。

(1)　秋田県立図書館の「デジタル・アーカイブ」

　秋田県立図書館は県立図書館の中でも早い時期にホームページを開設し，地域資料の情報発信を進めた事例として知られている（https://da.apl.pref.akita.jp/lib/）。

　現在のホームページは，当初の図書館単独のものから，秋田県内の資料を所蔵する県立の類縁機関統合の形式に更新したもので，図書館・文学資料館・博物館・埋蔵文化センター・近代美術館・公文書館・生涯学習センターの7施設が表示されている。

　図書館のサイトは秋田県立図書館 所蔵資料の項目を資料種別とカテゴリー別の2つに分けられている。カテゴリー別の所蔵資料と点数は下記のとおりである（2022年9月現在）。

① 　秋田県立図書館所蔵貴重資料　1,032

② 　郷土雑誌の紹介　1,099

③ 　秋田県内機関貴重資料　56

④ 　名勝案内による秋田の昔の旅　29

⑤ 　秋田県の民話（音声付）　92

⑥ 　郷土関係雑誌記事索引　143,193

⑦　秋田県関係人物文献索引　12,259

⑧　秋田魁新報記事見出し検索　283,858

⑨　電子書籍　3,187

　このうち①，③，⑨を除いた6項目はすべて地域資料で，④，⑤は当初から存在する出色のものである。

(2)　岡山県立図書館の「デジタル岡山大百科」

　「デジタル岡山大百科」(http://digioka.libnet.pref.okayama.jp/) は，岡山県立図書館の運営する電子図書館で，郷土情報ネットワーク，図書館横断検索システム，レファレンスデータベースの3項目で構成されている。特に郷土情報ネットワークは地域資料で，次の11項目からなる。

①　岡山の昔話

②　カバヤ文庫

③　校歌

④　デジタル絵本（スマートフォン版）

⑤　池田文庫絵図

⑥　絵図・古地図

⑦　平成30年豪雨災害デジタルアーカイブ

⑧　デジタル絵本

⑨　図書館へ行こう！

⑩　新着コンテンツ

⑪　和装本

(3)　調布市立図書館の「市民の手によるまちの資料情報館」

　これは図書館の地域情報化の拠点を目指した事業の一環として，市民の手によって進められた地域情報の収集と提供事

業である。収集協力員が調布の情報を集め，ホームページで発信しているもので，次の 10 項目が掲載されている（https://lib-machi.chofu.com/）。

① 映画のまち調布
② 調布の文学
③ 調布の石仏・野仏
④ ちょうふ人間模様
⑤ 調布人・大活躍
⑥ 調布の交通
⑦ 深大寺そば
⑧ 写真で見る調布の昔
⑨ 調布と戦争
⑩ 調布の樹木

10.7 地域資料のデジタル化

地域資料のデジタル化の現状を『公立図書館における地域資料サービスに関する実態調査報告書』[40]によって見てみたい。地域資料のデジタル化を行ったことがないのは都道府県では 4.3％，市区町村では 76.0％となっている。市区町村では取り組みが遅れているが，資料の活用と情報発信を考慮すると今後避けて通れない課題であるといえる。

このことから，図書館資料のデジタル化をどのように進めればよいのか見ていきたい。

(1) デジタル化の方法
デジタル化の方法としては，『国立国会図書館資料デジタ

ル化の手引』2017 年版（https://dl.ndl.go.jp/view/download/digidepo_
10341525_po_digitalguide170428.pdf?contentNo=1&alternativeNo=）が
あり，詳しく解説されているので参考になる。

デジタル化する方法としては，次の 2 つがある。
① スキャナまたはデジタルカメラで直接スキャニングする。
② 撮影したフィルムをフィルムスキャナ等でスキャニング
する。

(2) デジタル化の目的

デジタル化の主な目的としては次のことが考えられる。
① 図書館資料の利用増加につながる。
② ホームページで公開することにより，距離的・時間的な
制約がなくなる。
③ 原資料の代替利用の方法となり，複製や編集が容易にな
る。

(3) 資料デジタル化上の課題

資料をデジタル化するうえで課題になるのは，次の 2 点で
ある。
① 著作権上の課題
資料のスキャニングや撮影によるデジタル化は複製にあた
り，公立図書館における自由なデジタル化は認められていな
いので，事前に著作権処理をする必要がある。
② 人員と経費の課題
作業を進めるには予算の獲得が必要であり，事業効果を分
析して説明することが求められる。

(4) 図書館でデジタル化される資料

図書館でデジタル化される資料としては，次のようなものがあげられる。

① 著作権の保護期間が過ぎた資料や著作権者の許諾のある資料。

② 貴重書や歴史的価値の高い資料（古地図・古文書・絵葉書・写真など）。

(5) 地域資料のデジタル化対象資料

『公立図書館における地域資料サービスに関する実態調査報告書』[40] によって，地域資料の中でどのような資料がデジタル化されているかを見てみると次のようになる。

① 貴重資料

② 地図，絵図

③ 古典籍

④ 災害記録

⑤ 新聞記事の切抜き

⑥ 映像，音声

⑦ 民話の紙芝居

このほかにも，住民との共同による地域資料サービスの構築は，数多く実践されている。相宗大督「動向レビュー　公立図書館における住民との共同による地域資料サービスの構築」[84] に紹介されているので参考になる。

10.8 小平市立図書館の事例

小平市立図書館のホームページは，2018 年 11 月のシステ

ム更新に伴い改編が行われた（https://library.kodaira.ed.jp/）。それまでは地域資料が大きな項目として区分けされていた（http://warp.da.ndl.go.jp/info:ndljp/pid/11125291/library.kodaira.ed.jp/）が，この改編によって地域資料は「調べもの・レファレンス」の中に含まれ目立たなくなった。それでも，次にあげたように細目の大半は地域資料で占められ，8），9）は中央のデジタルサイネージと右側の本日の開館状況の下に配置されている。

1）　デジタルアーカイブ

（https://library.kodaira.ed.jp/reference/digital_archive.html）

　図書館振興財団提案型助成事業の助成によって 2018〜2020 年度に実施。

① 　小平市史（地理考古民俗編，近世編，近現代編）

② 　小平市史別冊（図録・写真集）

③ 　定点撮影写真

④ 　絵図（小川村地割図）

⑤ 　新聞記事検索データベース

⑥ 　平櫛田中関係資料

⑦ 　古文書目録

2）パスファインダー

（https://library.kodaira.ed.jp/reference/pathfinder.html）

3）地域資料・刊行物

（https://library.kodaira.ed.jp/reference/local.html）

① 　地域資料分類表

② 　刊行物案内

4）　小平事始め年表

（https://library.kodaira.ed.jp/reference/kotohajime.html）

5）　古文書（https://library.kodaira.ed.jp/reference/komonjo.html）

① 小平市古文書目録

② 小平市史料集

③ 小平市古文書目録解題

④ 小平市史料集解題

⑤ 小平市立図書館の資料保存と古文書補修

6） 小平市について

① 小平に関するレファレンス事例集

（https://library.kodaira.ed.jp/reference/kodaira.html）

② 小平市の歴史紙芝居

（https://library.kodaira.ed.jp/reference/kodaira.html#kamishibai）

7） こどもきょうどしりょう

（https://library.kodaira.ed.jp/kids/tkk/）

8） 新聞記事検索（https://library.kodaira.ed.jp/np/）

9） 町報・市報記事検索（https://library.kodaira.ed.jp/cn/）

10.9 小平市における地域情報

　地域情報は図書館が発信しているだけではない。市のホームページをはじめ，商工会や団体および個人のホームページにも貴重な地域情報が少なからず存在する。

　図書館はこれらの地域資料や地域情報のポータルサイトとして機能すべきで，日頃からアンテナを張ってさまざまなサイトを調査しておく必要があり，必要なサイトをリンク集に登録しておくことが求められる。

　小平市における地域情報としては次のようなものがある。

① 小平市のホームページ

（https://www.city.kodaira.tokyo.jp/）

② 小平市教育委員会のホームページ
  (https://www.city.kodaira.tokyo.jp/kurashi/index02014.html)

③ 小平市商工会　こだいらネット
  (http://www.kodaira-net.jp/)

④ 小平観光まちづくり協会　フラッと NAVI
  (https://kodaira-tourism.com/)

10.10 市民協働

　ボランティア活動の隆盛については本章のはじめに述べた
が，図書館サービスのさまざまな場面で図書館ボランティア
の参加が見られる。先進事例で取りあげた調布市立図書館の
「市民の手によるまちの資料情報館」や，小平市商工会の「こ
だいらネット」，小平観光まちづくり協会の「フラッと NAVI」
のように，市民協働によって充実したサイトが運営されてい
るケースは枚挙にいとまがない。

（1）　図書館サービスは，今や図書館員や司書だけではでき
　　ない

　市民協働はホームページの運営に限らず幅広く展開されて
おり，図書館サービスは今や図書館員や司書だけではできな
いといえる。

　小平市立図書館でも返却図書の排架や書架整理，図書の修
理，宅配サービス，ブックスタート，おはなし会といったサ
ービスにボランティアが参加し，市民協働が進んでいる。こ
うした事業の継続のためには，いくつかの要点があるのであ
げておきたい。

238

① ボランティアに参加する人の自主性を尊重する
② 活動の成果を評価しフォローする
③ 職員や市民を巻き込んで楽しく仕事をする
④ 多くの人の協力と共感を得る

(2) 「市民協働」の実践

　最後に，小平市立図書館で行った地域資料に関する市民協働の実践事例を紹介する。

① 古文書整理を支えた老人パワー

　小平市立図書館の古文書整理の一つの特色は，目録作成と並行して行った古文書の複写製本である。この古文書のコピー作業を担ったのが，古文書講習会を終了した老人たちであった。わずかなアルバイト代は支払ったものの，その根気のいる丹念な作業を意欲的にこなしてくれた老人パワーがなければ，3万点を超える古文書のコピーの実現は困難だったと思われる。

② 学校図書館デジタル化と学校図書館ボランティア

　小平市の学校図書館システム導入で，小学校図書室のデータ入力作業を担ったのは，PTA のお母さんたちである。各学校の呼びかけに応じて集中的に図書の整理とバーコード貼りをしてくれたのである。この協力がなければ，1年間で小学校 17 校全校のシステムを完成させることは不可能だった。

③ 地域資料デジタル化と情報ボランティア

　団塊の世代の人たちが現役時代に培った技能を，退職後に活かして地域資料のデジタル化を進めてくれたのは情報ボランティアの人たちである。パソコンのスキルや情報処理技術および専門的な編集能力を活かして，自主的に数多くの写真

の整理やビデオ撮影，小平見どころ案内の編集等に尽力し，数多くの地域資料のデジタル化を成し遂げた。

④　市史編さんと大学連携および市民協働

　これは図書館の事業ではないが，図書館時代に培った人脈が市史編さんに活かされた事例である。図書館協議会委員と社会教育委員をしてくれた人が，自分の持つ二級建築士の資格を模型造りという形で市史編さんに役立ててくれたのである。その人の人脈で市内の大学の先生を紹介していただき，学生に呼びかけて青梅街道沿いの町並み模型を作製して市に寄贈してもらった。このことは新聞にも大きく報道され，市史編さんの PR にも貢献してくれた。

　このように地域資料のもつ魅力は，多くの人たちを図書館に引きつけ，職員や市民を巻き込んで楽しく仕事をする機会となるのである。このような機会を活かすも殺すも図書館員のスキルとコーディネート次第である。図書館の仕事はこのうえなく楽しく，果てしない。

参考文献

1) 三多摩郷土資料研究会編『地域資料入門』(図書館員選書 14) 日本図書館協会，1999

2) 『これからの図書館像 – 地域を支える情報拠点をめざして』これからの図書館の在り方検討協力者会議，2006

3) 『公立図書館における地域資料サービスに関する報告書』全国公共図書館協議会，2018

4) 図書館ハンドブック編集委員会編『図書館ハンドブック　第 4 版』日本図書館協会，1977

5) 根本彰『情報基盤としての図書館』勁草書房，2002

6) 『中小都市における公共図書館の運営』日本図書館協会，1963

7) 多摩百年史研究会編著『多摩百年のあゆみ』東京市町村自治調査会，1993

8) 今井貫一「地方図書館と郷土資料」(『図書館雑誌』通巻 36 号) 日本図書館協会，1918

9) 佐野友三郎『通俗図書館論』(石井敦『佐野友三郎』日本図書館協会，1981　に収録)

10) Manual of Library Economy, by James Duff Brown, Greenwood & co., 1903

11) Manual of Library Economy 3rd ed., by W. C. Berwick Sayers, Grafton & co., 1920

12) 石井富之助「郷土資料の収集について」(『私論・市立図書館の経営』) 神奈川県図書館協会，1971

13) 石井富之助「市町村図書館の独自性 – 郷土資料を核とした資料構成」(『私論・市立図書館の経営』) 神奈川県図書館協会，1971

14) 佐藤真「舌なめずりする図書館員」(『図書館雑誌』Vol. 58

No. 7）日本図書館協会，1964

15）　青木一良「中小公共図書館運営基準委員会報告・『中小都市における公共図書館の運営』について」（『地域図書館活動』）黒田書店，1972

16）　叶沢清介「郷土の資料を図書館に収集しよう　運動の提案と実践について」（『図書館雑誌』Vol. 56　No. 6）日本図書館協会，1962

17）　沓掛伊佐吉「郷土の資料委員会の歩みと今後の問題」（『図書館雑誌』Vol. 65　No. 12）日本図書館協会，1971

18）　日本図書館協会郷土の資料委員会編『郷土資料目録総覧』日本図書館協会，1965

19）　日本図書館協会郷土の資料委員会編『郷土の資料に関する調査結果一覧』日本図書館協会，1965

20）　『図書館政策の課題と対策』図書館振興対策プロジェクトチーム，1970

21）　東京都公立図書館長協議会編『地方行政資料の収集とその利用について』東京都公立図書館長協議会，1974

22）　日本図書館協会編『市民の図書館』日本図書館協会，1960

23）　『東京都公立図書館長協議会の歩み』同編集委員会，2006

24）　品川区立図書館編『東京地域資料目録　第 1 分冊』品川区立品川図書館，1965

25）　伊藤旦正「ずいひつ郷土資料　地域資料」（『図書館雑誌』Vol. 60　No. 3）日本図書館協会，1966

26）　森睦彦「提言・地域資料としての新聞都内版の収集・保存と利用－東京都公立図書館間における」（『ひびや』通巻第 79 号）東京都立中央図書館，1965

27）　斉藤京子，瀬島健二郎，大串夏身「東京地域資料論」（『研究紀要』第 9 号）東京都立中央図書館，1977

28) 小島惟孝「公立図書館における地域資料（郷土資料）について」（『図書館雑誌』Vol. 81 No. 4）日本図書館協会，1987

29) 図書館ハンドブック編集委員会編『図書館ハンドブック　第 5 版』日本図書館協会，1990

30) 図書館ハンドブック編集委員会編『図書館ハンドブック　第 6 版』日本図書館協会，2005

31) 根本彰「戦後公共図書館と地域資料－その歴史的点描」（図書館と自由第 8 集『情報公開制度と図書館の自由』）日本図書館協会，1987

32) 小島惟孝「公立図書館における郷土資料サービス」（『みんなの図書館』通巻 154 号）図書館問題研究会，1990

33) 鈴木理生「郷土資料と地域資料」（『みんなの図書館』通巻 154 号）図書館問題研究会，1990

34) 竹田芳則「研究文献レビュー　地域資料サービス」（『カレントアウェアネス』NO. 323）国立国会図書館，2015

35) 柳与志夫・田村俊作編『公共図書館の冒険－未来につながるヒストリー』みすず書房，2018

36) 東京都市町村立図書館長協議会図書館大会第 1 分科会プロジェクトチーム編『多摩地区図書館活動の実践の中から　現状と課題』日本図書館協会，1988

37) 荒井敏行「定例会 100 回の軌跡」（『とりつたま』第 10 号）東京都立多摩図書館，1994

38) 東京都多摩地域公立図書館大会実行委員会編『平成 27 年度東京都多摩地域公立図書館大会報告書』東京都市町村立図書館長協議会，2015

39) 『地域資料に関する調査研究報告書』関西情報・産業活性化センター，2007

40) 『公立図書館における地域資料サービスに関する実態調査報

告書』全国公共図書館協議会，2018

41）　清水ゆかり「図書館員のためのステップアップ専門講座（第 55 回）地域資料の収集と提供－日野市立図書館市政図書室の実践 から」（『図書館雑誌』Vol. 96 No. 12）日本図書館協会，2002

42）　徐有珍「日野市立図書館市政図書室における地方行政資料サー ビス」（『日本図書館情報学会誌』Vol. 57 No. 3）日本図書館情報学 会，2011

43）　藤沢和男「日野市立図書館市政図書室の行政情報サービス」 （『みんなの図書館』通号 211 号）図書館問題研究会，1994

44）　池谷岩夫「日野市立図書館市政図書室の活動－行政に対する サービスと行政資料の公開」（『図書館雑誌』Vol. 74 No. 3）日本図 書館協会，1980

45）　日野市立図書館編『第 3 次日野市立図書館基本計画』日野市教 育委員会，2018

46）　渡部幹雄『地域と図書館－図書館の未来のために』慧文社， 2006

47）　多摩地域から東京の図書館を考えるプロジェクト編『東京に デポジット・ライブラリーを作ろう！－多摩発・共同保存図書館 基本構想』多摩地域の図書館をむすび育てる会，2003

48）　多摩地域の図書館をむすび育てる会編著『東京にデポジット・ ライブラリーを　多摩発，共同保存図書館基本構想』ポット出版， 2003

49）　『多摩地域における共同利用図書館検討調査報告書』東京都市 町村立図書館長協議会，2008

50）　『図書館のあり方に関する調査研究報告書』東京市町村自治調 査会，2011

51）　高山正也・平野英俊編『図書館情報資源概論』（現代図書館情 報学シリーズ 8）樹村房，2012

52）　国際図書館連盟公共図書館分科会編『公共図書館のガイドライン』日本図書館協会，1987

53）　『多摩地区公立図書館地域資料業務実態調査報告書』三多摩地域資料研究会，2016

54）　須賀千絵「公共図書館における計画と評価」（日本図書館情報学会研修委員会編『公共図書館運営の新たな動向』）勉誠出版，2018

55）　長澤規矩也『図書館における郷土資料整理法』汲古書院，1975

56）　日本図書館協会目録委員会編『日本目録規則　1987 年版』日本図書館協会，1987

57）　蛭田廣一「三郷研『新編武蔵風土記稿』索引作成について」（『行政郷土資料だより』第 9 号）東京都立多摩図書館，1989

58）　庄司明由『新編武蔵風土記稿索引』の完成にあたって」（『とりつたま』第 13 号）東京都立多摩図書館，1997

59）　日本図書館協会目録委員会編『日本目録規則　1965 年版』日本図書館協会，1965

60）　日本図書館協会目録委員会編『日本目録規則　2018 年版』日本図書館協会，2018

61）　山口恵一郎・品田毅編『図説地図事典』武揚堂，1984

62）　蛭田廣一「小平市立図書館と学校図書館の連携－蔵書データベースのネットワーク構築をめざして」（『多摩のあゆみ』第 120 号）たましん地域文化財団，2005

63）　蛭田廣一「小平市における子ども読書活動推進の計画と実践」（『現代の図書館』Vol. 46 No. 1）日本図書館協会，2008

64）　国文学研究資料館史料館編『史料の整理と管理』岩波書店，1988

65）　蛭田廣一「小平市史編さんの経過と多摩地域の新しい市史編さんについて」（『会報』No. 95）全国歴史資料保存利用機関連絡協議会，2014

66） 白梅学園大学小平学・まちづくり研究所編『小平学・まちづくり研究のフロンティア』論創社，2018

67） パンフレット『利用のための資料保存』日本図書館協会資料保存委員会，1997

68） 金谷博雄編訳『本を残す−酸性紙問題資料集』かなや工房，1982

69） 「防ぐ技術・治す技術−紙資料保存マニュアル」編集ワーキング・グループ編『防ぐ技術・治す技術−紙資料保存マニュアル』日本図書館協会，2005

70） 相沢元子ほか『容器に入れる』（シリーズ本を残す 3）日本図書館協会，1991

71） 日本図書館協会資料保存委員会編著『目で見る「利用のための資料保存」』（シリーズ本を残す 6）日本図書館協会，1998

72） 『りーふれっと資料保存』「2　資料保存 Q&A」日本図書館協会資料保存委員会，1999

73） 日本図書館協会資料保存委員会編『資料保存ワークショップ記録集−資料はいつまで利用できるのか−』日本図書館協会，1995

74） 蛭田廣一「資料保存への取り組み」（安江明夫 [ほか] 編著『図書館と資料保存』）雄松堂出版，1995

75） 蛭田廣一「利用のための資料保存を実践する」（『アーキビスト』No. 72）全国歴史資料保存利用機関連絡協議会関東部会，2009

76） 蛭田廣一「地域資料の調査と計画−小平市立図書館の事例」（安江明夫監修『資料保存の調査と計画』）日本図書館協会，2009

77） 『小平市立図書館の資料保存と古文書補修』小平市中央図書館，2007

78） 安江明夫監修『資料保存のための代替』日本図書館協会，2010

79） 蛭田廣一「組織改正でレファレンス対応を明確化−活用を目的としたデータ蓄積により成果」（『変革期の公共図書館』）高度映

像情報センター，2003

80）　蛭田廣一「郷土資料の質問と記録」（『図書館雑誌』Vol. 76 No. 5）日本図書館協会，1982

81）　竹之内禎編著『情報サービス論』（ベーシック司書講座・図書館の基礎と展望4）学文社，2013

82）　鹿島みづき『パスファインダー作成法－主題アクセスツールの理念と応用』樹村房，2016

83）　愛知淑徳大学図書館インターネット情報資源担当編『パスファインダー・LCSH・メタデータの理解と実践』愛知淑徳大学図書館，2005

84）　相宗大督「動向レビュー　公立図書館における住民との共同による地域資料サービスの構築」（『カレントアウェアネス』NO. 328）国立国会図書館，2016

85）　図書館用語辞典編集委員会編『最新図書館用語大辞典』柏書房，2004

あとがき

　2019 年 3 月に，北海道の置戸町立図書館と北見市立中央図書館の視察をする機会があった。これは，1996 年に国立教育会館社会教育研修所（現・社会教育実践研究センター）で，図書館司書専門講座を受講した者たちの 22 回目の同窓会でのことである。

　置戸町立図書館は『まちの図書館』（日本図書館協会，1981）で知られ，現在人口 2,900 人の町であり，『市民の図書館』[22] を運営の指標として活動を進め，日本有数の貸出を実現した図書館として有名である。北見市立中央図書館はオホーツクの拠点図書館で蔵書量も多く，市内 9 館および北見地域 1 市 7 町の図書館ネットワークも整備されている。また，IC タグや無線 LAN の整備，電子書籍の導入，滞在型施設の整備，年間 120 回を超える事業の開催，SNS を活用した情報発信や積極的な広報活動を展開している。

　これらの図書館を視察して，感銘を受けたことが二つある。一つは施設とサービス展開である。置戸町立図書館は 2005 年 1 月に約 1,400㎡の，北見市立中央図書館は 2015 年 12 月に約 4,800㎡の新しい図書館を開館し，新しいサービスに取り組み，図書館改革を推進していることである。もう一つが地域資料サービスである。置戸町立図書館は 2017〜19 年度に図書館振興財団の助成を得て，『語りつぐ歴史と証言』を刊行し，地域資料デジタル化を推進している。北見市立中央図書館は北見駅に隣接した新館 2 階建の 2 階半分に郷土資料コ

ーナーと展示室を兼ねた文学館コーナーを設け，北見市の地域資料を整備するとともに北海道全域の地域資料を収集している。そのジャンルの多様性と資料の充実に圧倒された。

【図あとがき-1】　北見市立中央図書館の郷土資料コーナー

　このことに象徴されるように，地域資料サービスの展開は図書館サービスの基本の一つとして定着し，蓄積した資料を活用できる機運の高まりを実感する。本書がこのような機運を推進する一助となり，地域資料サービスの展開に少しでも役立てれば幸いである。

　「小平市立図書館は特に有名でもなく，当たり前のことを普通にこなしている図書館である」と評された視察者がいたが，そのとおりである。地域資料サービスも同じで，決して人や予算が充実していたわけではない。違いがあるとすれば，専門職として認められ，三資研や資料保存等の研修の機会が与えられ，図書館関係者との刺激的な出会いがあって，継続して地域資料を担当できたことである。本書に紹介した事例

は，これらの財産によって紡ぎ出し蓄積してきたものである。普通の図書館にできることはマネしやすく，ハードルが低い。必要なものがあれば，取り入れて実践に結びつけていただきたい。

　最後に，この本の出版企画と資料掲載を快諾し，貴重な指摘をいただいた小平市中央図書館長の湯沢瑞彦氏に感謝申し上げる。また，構想の段階からの具体的な提案と，書き上げた原稿に対する適切な指摘とアドバイスをしていただいた根本彰氏には大変お世話になった。それがなければ，未成熟で不完全なものに終わったに違いない。改めて懇切丁寧な指導に心より感謝申し上げる。

2019 年 4 月

蛭田　廣一

事項索引

【あ行】

相宗大督 ······························ 235
青木一良 ······························ 19
秋田県立図書館 ························ 231
石井富之助 ···························· 17
伊藤旦正 ······························ 25
今井貫一 ······························ 15
今澤慈海 ······························ 14
受入 ·································· 139
愛知川図書館 ·························· 97
青梅図書館 ···························· 11
青梅訪問図書館 ························ 11
岡山県立図書館 ················ 117, 232
沖縄県立図書館 ······················ 117
置戸町立図書館 ······················ 249
小田原市立図書館 ····················· 17
オープンデータ ······················· 69

【か行】

会員制図書館 ·························· 9
課題 ······························ 52, 63
学校関係資料 ························· 170
学校図書館システム ·················· 174
叶沢清介 ····························· 20
北見市立中央図書館 ·················· 249

教育振興基本計画 ····················· 73
行政計画 ····························· 72
行政情報 ····························· 79
行政資料 ······················ 57, 60, 67
行政の組織 ··························· 70
行政評価 ···························· 127
協働 ································· 65
共同保存図書館 ······················ 121
共同保存図書館・多摩 ················ 122
郷土資料 ······················ 16, 18, 21
郷土の資料委員会 ····················· 20
記録 ································· 177
近世史料取扱者講習会 ················ 177
沓掛伊佐吉 ··························· 20
久保七郎 ····························· 11
決算書 ······························ 73
研究 ································· 66
原形保存の原則 ······················ 181
検索の方法 ·························· 143
研修 ································· 66
原秩序尊重の原則 ···················· 180
現物資料 ························· 56, 59
公文書 ······························ 177
公文書館 ···························· 176
公文書館法 ·························· 178

公文書管理法 ……………… 178, 212
小島惟孝 …………………… 26, 30
小平市立図書館 …………… 86, 95
小林昌樹 …………………… 31
古文書 ……………………… 177
古文書の整理 ……………… 180
これからの図書館像 ……… 5
コレクションの評価 ……… 123

【さ行】

災害 ………………………… 198
埼玉県立図書館 …………… 115
斉藤京子 …………………… 26
索引の作成 ………………… 152
佐藤貢 ……………………… 19
佐野友三郎 ………………… 15
酸性紙問題 ………………… 195
三多摩郷土資料研究会……… 24, 32
三多摩地域資料研究会 …… 31
市史編さん ………………… 185
地震対策 …………………… 210
実施計画 …………………… 73
品川区立図書館 …………… 25
市民協働 …………………… 238
市民の図書館 ……………… 22
事務事業評価 ……………… 127
写真資料 …………………… 167
自由民権運動 ……………… 9
主題検索 …………………… 143
出所原則 …………………… 180
巡回文庫 …………………… 10

情報資源 …………………… 128
情報発信 …………………… 228
書架整理 …………………… 150
職員研修 …………………… 51
書誌修正 …………………… 156
資料が傷む原因 …………… 195
資料収集 …………………… 61
資料収集目録 ……………… 114
史料整理の原則 …………… 180
資料選択 …………………… 113
資料組織化 ………………… 128
資料の推定寿命 …………… 202
資料保存対策 ………… 49, 201, 204
資料保存の定義 …………… 194
新聞記事 …………………… 114, 163
新聞記事登録 ……………… 165
新聞記事登録規則 ………… 136
新編武蔵風土記稿索引……… 153
鈴木理生 …………………… 30
セイヤーズ（W. C. Berwick Sayers）
……………………………… 15
整理マニュアル …………… 129
全国公共図書館研究集会……… 18
全国図書館大会－多摩大会……27, 39
全国歴史資料保存利用機関連絡協議
会 ………………………… 177
装備 ………………………… 141

【た行】

竹田芳則 …………………… 31
多摩市行政資料室 ………… 85

多摩地域公立図書館大会‥‥‥‥ 27
俵元昭‥‥‥‥‥‥‥‥‥‥ 2, 27
地域雑誌‥‥‥‥‥‥‥‥‥‥ 114
地域情報‥‥‥‥‥‥‥‥‥ 237
地域資料
　－位置づけ‥‥‥‥‥‥‥‥‥ 2
　－収集状況‥‥‥‥‥‥‥ 55, 59
　－収集方針‥‥‥ 44, 54, 58, 100
　－種類‥‥‥‥‥‥‥‥‥ 112
　－所蔵状況‥‥‥‥‥‥ 43, 57
　－整理マニュアル‥‥‥‥‥ 133
　－全国調査‥‥‥‥‥‥ 53, 58
　－選書基準‥‥‥‥‥‥ 54, 58
　－選択基準‥‥‥‥‥‥‥ 44
　－蔵書数‥‥‥‥‥‥‥‥ 43
　－担当者‥‥‥‥‥‥‥‥ 42
　－定義‥‥‥‥‥‥‥‥‥‥ 2
　－登録規則‥‥‥‥‥‥‥ 130
　－名称‥‥‥‥‥‥‥‥ 25, 41
地域資料業務実態調査‥‥‥‥‥ 41
地域資料サービス‥‥‥ 3, 31, 61, 63,
　66, 81, 86
　－意義‥‥‥‥‥‥‥‥‥‥ 3
地域資料入門‥‥‥‥‥‥‥‥‥ 7
地図‥‥‥‥‥‥‥‥‥‥‥ 141
地図資料
　－種類‥‥‥‥‥‥‥‥‥ 159
　－装備‥‥‥‥‥‥‥‥‥ 162
千葉県立図書館‥‥‥‥‥‥‥ 116
地方行政資料‥‥‥‥‥ 16, 21, 68
中小レポート‥‥‥‥‥‥‥‥ 18

長期総合計画‥‥‥‥‥‥‥‥ 72
庁内支援‥‥‥‥‥‥‥‥‥‥ 51
調布市立図書館‥‥‥‥‥‥‥ 232
地理区分‥‥‥‥‥‥‥‥‥ 148
テクニカルサービス‥‥‥‥‥ 128
デジタル化‥‥‥‥‥ 49, 63, 233
デジタルネットワーク‥‥‥‥ 64
電子行政資料‥‥‥‥‥‥‥‥ 63
東京誌料‥‥‥‥‥‥‥‥‥ 14
東京資料研究会‥‥‥‥‥‥‥ 20
東京都公立図書館郷土資料研究会
　‥‥‥‥‥‥‥‥‥‥‥‥ 23
東京都公立図書館長協議会‥‥‥ 22
東京都図書館振興施策‥‥‥ 12, 21
東京都立図書館‥‥‥‥‥‥‥ 114
特定資料検索‥‥‥‥‥‥‥ 143
戸倉村簡易図書閲覧所‥‥‥‥ 10
図書館基本計画‥‥‥‥‥‥‥ 73
としょかんこどもきょうどしりょう
　‥‥‥‥‥‥‥‥‥‥ 96, 192
図書館サービス‥‥‥‥‥‥‥ 128
図書館サービス計画‥‥‥‥ 73, 87
図書館事業概要‥‥‥‥‥ 74, 89
図書館事業計画‥‥‥‥‥ 74, 89
図書館史－多摩地域‥‥‥‥‥ 9
図書館の設置及び運営上の望ましい
　基準‥‥‥‥‥‥‥‥‥‥‥ 4
図書館ハンドブック‥‥‥‥‥ 27
図書館法‥‥‥‥‥‥‥‥‥‥ 3
図書館略年表－多摩地域‥‥‥‥ 13
図書館令‥‥‥‥‥‥‥‥‥ 16

鳥取県立図書館 ·················116
富山県立図書館 ·················116

【な行】
長崎県立図書館 ·················117
永末十四雄 ··················21, 25
長野県立図書館 ·················116
西崎恵 ························· 16
根本彰 ·············· 2, 7, 28, 60, 63
納本規定 ······················· 45
納本制度 ················46, 65, 80

【は行】
灰色文献 ······················ 69
排架 ························151
パスファインダー ···············222
八王子市立図書館 ··············· 10
パブリックサービス ·············128
パンフレット ···················141
PR ···························· 48
光ディスク ····················203
日野市－市政図書室 ·········23, 81
日野市立図書館 ················· 11
日比谷図書館 ··················· 14
評価の基準 ····················125
評価の種類 ····················124
評価法 ························125
広瀬誠 ························· 39
ブラウン ······················ 15

分担収集 ······················118
分担保存 ······················120
分類 ························144
分類表 ························145
保存　→　資料保存
ボランティア ················ 65, 239

【ま行】
マニュアル ····················· 46
武蔵野文庫 ····················· 11
メディア変換 ···················202

【や行】
山形県立図書館 ·················115
山口県立図書館 ················· 18
山口県立文書館 ················· 18
予算書 ························· 73

【ら行】
リーフキャスティング···········209
利用のための資料保存······ 194, 212
レファレンス ···················214
レファレンス記録 ···············220
連携－行政機関 ················· 65
連携－地域機関 ················· 65

【わ行】
渡部幹雄 ······················ 97

●著者紹介

蛭田　廣一（ひるた　ひろかず）

1951 年　福島県いわき市生まれ

1975 年　青山学院大学卒業

1975 年　東京都・小平市立図書館司書

2005 年　小平市中央図書館館長

2008 年〜2015 年　小平市企画政策部参事（市史編さん）

　この間，三多摩郷土資料研究会幹事，日本図書館協会資料保存委員会委員，ビジネス支援図書館推進協議会幹事等を歴任

2011 年　日本図書館協会認定司書（第 1024 号）

2012 年〜2021 年　松本大学・2016〜2018 年鶴見大学・2018 年〜2021年実践女子大学非常勤講師

2019〜2021 年　日本図書館協会専務理事

主な著作（共著）は『地域資料入門』（日本図書館協会），『資料保存の調査と計画』（日本図書館協会），『現在を生きる地域資料』（けやき出版）など。

◆JLA 図書館実践シリーズ　41

地域資料サービスの実践　補訂版

2019 年 8 月 10日　　　初版第 1 刷発行©
2023 年 1 月 30日　　　補訂版第 1 刷発行

定価：本体 1800円（税別）

著　者：蛭田廣一
発行者：公益社団法人　日本図書館協会
　　　　　〒104-0033　東京都中央区新川1-11-14
　　　　　Tel 03-3523-0811㈹　Fax 03-3523-0841
デザイン：笠井亞子
印刷所：㈱丸井工文社
Printed in Japan
JLA202217　　　ISBN978-4-8204-2214-3
本文の用紙は中性紙を使用しています。

JLA 図書館実践シリーズ　刊行にあたって

　日本図書館協会出版委員会が「図書館員選書」を企画して 20 年あまりが経過した。図書館学研究の入門と図書館現場での実践の手引きとして，図書館関係者の座右の書を目指して刊行されてきた。

　しかし，新世紀を迎え数年を経た現在，本格的な情報化社会の到来をはじめとして，大きく社会が変化するとともに，図書館に求められるサービスも新たな展開を必要としている。市民の求める新たな要求に対応していくために，従来の枠に納まらない新たな理論構築と，先進的な図書館の実践成果を踏まえた，利用者と図書館員のための出版物が待たれている。

　そこで，新シリーズとして，「JLA 図書館実践シリーズ」をスタートさせることとなった。図書館の発展と変化する時代に即応しつつ，図書館をより一層市民のものとしていくためのシリーズ企画であり，図書館にかかわり意欲的に研究，実践を積み重ねている人々の力が出版事業に生かされることを望みたい。

　また，新世紀の図書館学への導入の書として，一般利用者の図書館利用に資する書として，図書館員の仕事の創意や疑問に答えうる書として，図書館にかかわる内外の人々に支持されていくことを切望するものである。

2004 年 7 月 20 日

日本図書館協会出版委員会

委員長　松島　茂

図書館員と図書館を知りたい人たちのための新シリーズ！
JLA 図書館実践シリーズ　既刊 40 冊，好評発売中

（価格は本体価格）

1. 実践型レファレンスサービス入門　補訂 2 版
斎藤文男・藤村せつ子著／ 203p ／ 1800 円

2. 多文化サービス入門
日本図書館協会多文化サービス研究委員会編／ 198p ／ 1800 円

3. 図書館のための個人情報保護ガイドブック
藤倉恵一著／ 149p ／ 1600 円

4. 公共図書館サービス・運動の歴史 1　そのルーツから戦後にかけて
小川徹ほか著／ 266p ／ 2100 円

5. 公共図書館サービス・運動の歴史 2　戦後の出発から現代まで
小川徹ほか著／ 275p ／ 2000 円

6. 公共図書館員のための消費者健康情報提供ガイド
ケニヨン・カシーニ著／野添篤毅監訳／ 262p ／ 2000 円

7. インターネットで文献探索　2022 年版
伊藤民雄著／ 207p ／ 1800 円

8. 図書館を育てた人々　イギリス篇
藤野幸雄・藤野寛之著／ 304p ／ 2000 円

9. 公共図書館の自己評価入門
神奈川県図書館協会図書館評価特別委員会編／ 152p ／ 1600 円

10. 図書館長の仕事　「本のある広場」をつくった図書館長の実践記
ちばおさむ著／ 172p ／ 1900 円

11. 手づくり紙芝居講座
ときわひろみ著／ 194p ／ 1900 円

12. 図書館と法　図書館の諸問題への法的アプローチ　改訂版増補
鑓水三千男著／ 354p ／ 2000 円

13. よい図書館施設をつくる
植松貞夫ほか著／ 125p ／ 1800 円

14. 情報リテラシー教育の実践　すべての図書館で利用教育を
日本図書館協会図書館利用教育委員会編／ 180p ／ 1800 円

15. 図書館の歩む道　ランガナタン博士の五法則に学ぶ
竹内悊解説／ 295p ／ 2000 円

16. 図書分類からながめる本の世界
近江哲史著／ 201p ／ 1800 円

17. 闘病記文庫入門　医療情報資源としての闘病記の提供方法
石井保志著／ 212p ／ 1800 円

18. 児童図書館サービス 1　運営・サービス論
日本図書館協会児童青少年委員会児童図書館サービス編集委員会編／ 310p ／ 1900 円

19. 児童図書館サービス 2　児童資料・資料組織論
日本図書館協会児童青少年委員会児童図書館サービス編集委員会編／ 322p ／ 1900 円

20. 「図書館学の五法則」をめぐる 188 の視点　『図書館の歩む道』読書会から
竹内悊編／ 160p ／ 1700 円

Japan Library Association

図書館員と図書館を知りたい人たちのための新シリーズ！
JLA 図書館実践シリーズ　既刊 40 冊，好評発売中

21.　新着雑誌記事速報から始めてみよう　RSS・API を活用した図書館サービス
牧野雄二・川嶋斉著／ 161p ／ 1600 円

22.　図書館員のためのプログラミング講座
山本哲也著／ 160p ／ 1600 円

23.　RDA 入門　目録規則の新たな展開
上田修一・蟹瀬智弘著／ 205p ／ 1800 円

24.　図書館史の書き方，学び方　図書館の現在と明日を考えるために
奥泉和久著／ 246p ／ 1900 円

25.　図書館多読への招待
酒井邦秀・西澤一編著／ 186p ／ 1600 円

26.　障害者サービスと著作権法　第 2 版
日本図書館協会障害者サービス委員会, 著作権委員会編／ 151p ／ 1600 円

27.　図書館資料としてのマイクロフィルム入門
小島浩之編／ 180p ／ 1700 円

28.　法情報の調べ方入門　法の森のみちしるべ　第 2 版
ロー・ライブラリアン研究会編／ 221p ／ 1800 円

29.　東松島市図書館 3.11 からの復興　東日本大震災と向き合う
加藤孔敬著／ 270p ／ 1800 円

30.　「図書館のめざすもの」を語る
第 101 回全国図書館大会第 14 分科会運営委員編／ 151p ／ 1500 円

31.　学校図書館の教育力を活かす　学校を変える可能性
塩見昇著／ 178p ／ 1600 円

32.　NDC の手引き　「日本十進分類法」新訂 10 版入門
小林康隆編著, 日本図書館協会分類委員会監修／ 207p ／ 1600 円

33.　サインはもっと自由につくる　人と棚とをつなげるツール
中川卓美著／ 177p ／ 1600 円

34.　〈本の世界〉の見せ方　明定流コレクション形成論
明定義人著／ 142p ／ 1500 円

35.　はじめての電子ジャーナル管理
保坂睦著／ 241p ／ 1800 円

36.　パッと見てピン！ 動作観察で利用者支援　理学療法士による 20 の提案
結城俊也著／ 183p ／ 1700 円

37.　図書館利用に障害のある人々へのサービス 上巻　利用者・資料・サービス編　補訂版
日本図書館協会障害者サービス委員会編／ 304p ／ 1800 円

38.　図書館利用に障害のある人々へのサービス 下巻　先進事例・制度・法規編　補訂版
日本図書館協会障害者サービス委員会編／ 320p ／ 1800 円

39.　図書館とゲーム　イベントから収集へ
井上奈智・高倉暁大・日向良和著／ 170p ／ 1600 円

40.　図書館多読のすすめかた
西澤一・米澤久美子・粟野真紀子編著／ 198p ／ 1700 円

Japan Library Association